Illustrations 3D

61, boulevard Saint-Germain
75240 Paris Cedex 05

ISBN 2-212-11115-0

www.editions-eyrolles.com

Cahier 01 du designer

Illustrations 3D

Stéphane Belin

Luc Bianco

Pascal Blanché

Yann Couderc

Olivier Ffrench

Christophe Luxereau

Luc Petitot

François Rimasson

EYROLLES

atelier 01

STÉPHANE **BELIN**

Matériel utilisé

- G4 730 MHz – 1 Go de mémoire vive
  Disque dur de 40 Go
- Tablette graphique Wacom Intuos 2 A4

Leaving the Fifties

Logiciels utilisés

- Amapi 4.1
- LightWave 3D 7.0
- Photoshop 5.0

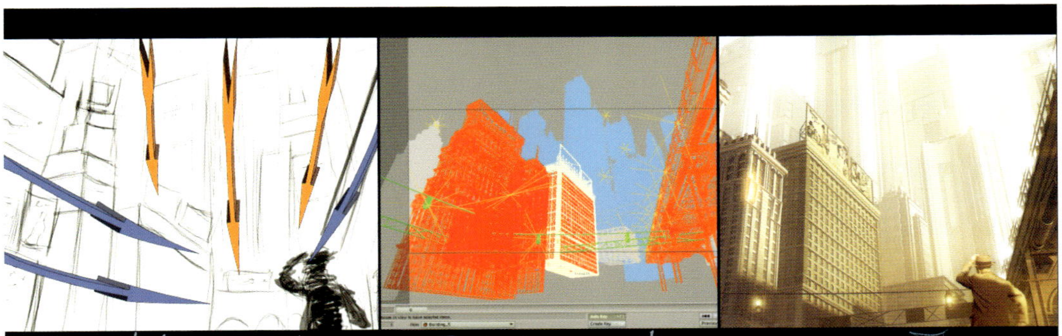

Travail de composition — Exécution en 3D — Image finale

Les thèmes affectionnés par les illustrateurs 3D témoignent souvent d'un attrait particulier pour la science-fiction ou les machines. Tout en ne reniant pas cette vision futuriste, on peut néanmoins aimer la nostalgie. C'est de l'idée d'opposition entre un futur froid et un passé plus romantique qu'est née cette illustration. Le principal objectif était donc de créer un fort contraste entre le premier et l'arrière-plan. Ce dernier représente le futur, froid et conformiste, avec ses gratte-ciel menaçants. Le premier plan montre le passé qui, avec ses couleurs chaudes du soleil couchant, est sur le déclin ; mais ses bâtiments affichent encore de vieilles publicités optimistes.

Même si le contraste était intéressant, la cohérence de l'image ne devait pas en souffrir. C'est pourquoi il a fallu utiliser l'éclairage et les effets atmosphériques pour réussir ce mariage délicat. Le personnage était un autre aspect clé de l'image. Il tient le second rôle, après la ville, et devait être très rapidement visible. Dans ce cas, c'est principalement un effet de composition qui a pu en faire un acteur de premier plan.

La crédibilité de l'image doit beaucoup à son très (haut niveau de détail.

Cette complexité est rendue possible par la 3D, mais au prix d'un gros travail de modélisation.

J'essaie toujours de réfléchir au sentiment que je veux évoquer avant de commencer à travailler. La phase de réflexion, avant même de commencer le moindre crayonné, est une des plus importantes pour moi.

Étape 1

La composition

Une bonne composition est le point de départ de toute image réussie. C'est elle qui structure l'image et guide l'œil de l'observateur. Une image en tout point remarquable peut perdre beaucoup de sa force sans une composition réfléchie. Il n'est pas toujours nécessaire de partir d'un croquis, mais il est ici justifié par la complexité du projet.

Le croquis

On commence par mettre en place les éléments essentiels, au trait. À ce stade, c'est avant tout le placement des éléments qui compte,

ainsi que leur poids dans l'image (par « poids », on désigne l'espace occupé). Mais attention, un gros trou a un poids aussi important qu'un bâtiment, parce qu'il mange de l'espace dans la composition. On doit penser en termes d'équilibre.

C'est ici aussi qu'il faut exploiter les lignes qui guideront l'œil en convergeant vers le centre d'intérêt. Le premier croquis est très sommaire (les lignes importantes sont en orange et en bleu). Il permet de voir que le placement du personnage s'impose de lui-même, à la convergence de toutes les lignes de perspective de l'architecture.

Je conseille vivement l'utilisation d'une tablette graphique lors de cette phase. Grâce à elle, on tire parti de la spontanéité du croquis tout en profitant de la flexibilité de l'ordinateur. N'hésitez pas à jouer avec les calques pour comparer plusieurs variantes de composition ou de palette, par exemple.

La palette de couleurs

Vient ensuite le travail sur la palette. Même si elle est amenée à changer plus tard, on cherche ici à équilibrer le premier et l'arrière-plan en leur définissant une teinte propre. L'arrière-plan, aux tons froids, s'oppose au premier plan beaucoup plus chaud. Rien n'empêche de tirer parti de Photoshop pour copier des portions de l'image ou en effacer. On accélère ainsi la recherche.

On détermine enfin l'éclairage de base, pour évaluer son impact sur la composition finale. Toutefois, il est inutile de perdre du temps sur les détails à ce stade. ■

Étape 2

La modélisation

Amapi est un modeleur très précis et intuitif. Il permet une modélisation très rapide, même si sa stabilité relative pousse à souvent sauvegarder son travail. On commence par les objets les plus complexes. D'une manière générale, c'est une bonne idée de travailler en partant du plus proche de la caméra et en s'éloignant vers l'arrière-plan. Cela permet de créer les objets les plus détaillés lorsqu'on a encore toute son énergie. La lassitude intervenant au fil des projets les plus longs, vous serez content de réserver le plus facile pour la fin.

Modéliser l'essentiel

Les buildings de premier plan, ainsi que le pont, sont d'abord modélisés. Il est fortement recommandé de ne modéliser que ce qui sera vu. Comme pour un décor de cinéma, la plupart des bâtiments n'ont qu'une ou deux façades visibles, et par conséquent le reste n'existe pas. Attention toutefois aux surfaces qui peuvent jouer des tours en reflétant des portions cachées de la caméra ! Avec une modélisation plus légère, vous économiserez un temps précieux lors des phases de rendu.

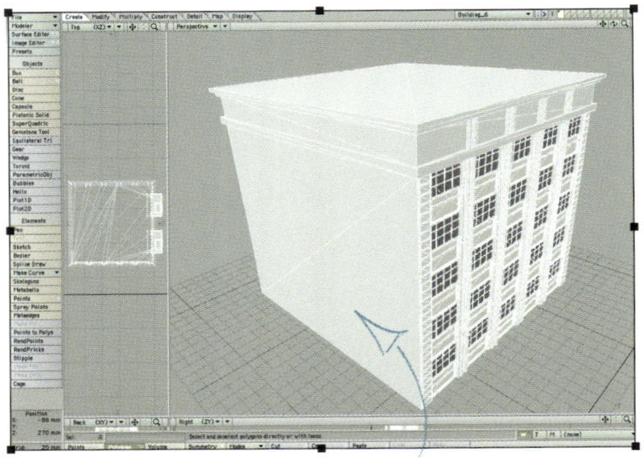

Aucune fenêtre sur les façades invisibles de ce building.

Les bevels

Les micro bevels, indispensables pour une bonne modélisation, sont très souvent oubliés. Dans le cas d'une illustration, on verra qu'ils pourront être ajoutés dans Photoshop. Un micro bevel, c'est l'arrondi presque imperceptible qui se trouve à la jonction de deux faces. Regardez les arêtes de tous les objets autour de vous. Vous vous apercevrez qu'aucun ne présente des angles coupés au rasoir. On aperçoit toujours un peu de lumière reflétée par les angles. Les bevels ont une importance capitale pour la crédibilité d'une image. ■

L'importance du micro bevel. Avec et sans. On voit immédiatement quelle image est la plus efficace.

> J'ai toujours pensé qu'un objet devait pouvoir être beau sans avoir recours aux textures et à l'éclairage, simplement par la pureté de ses lignes ou le respect de son équilibre.

Étape 3

Le rendu

Arrive enfin la phase tant attendue par la plupart d'entre nous. Le rendu revêt une grande importance, mais il est dangereux de négliger les deux phases précédentes pour passer au plus amusant. Le placement des éléments se fait en accord avec le croquis. Il est inévitable à ce stade que les choses ne se passent pas exactement comme prévu. La 3D, par sa précision, fait apparaître des problèmes de composition ou d'éclairage inattendus. Le croquis est là pour aider à ne pas perdre de vue l'essentiel. Mais ce n'est pas un guide rigide.

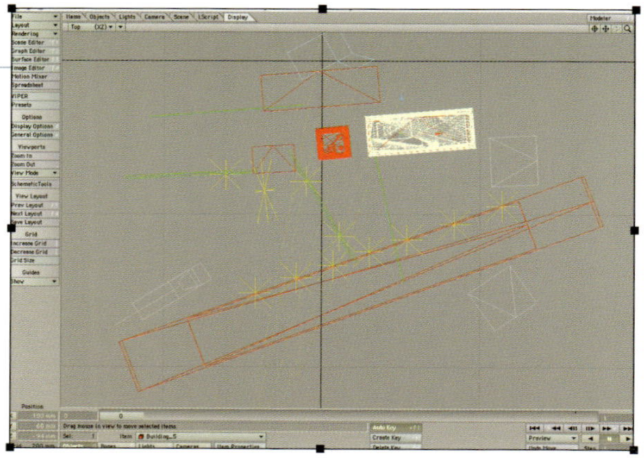

L'éclairage de base

Vient ensuite le moment de mettre en place un éclairage, sommaire dans le cas présent : un éclairage classique à deux lumières. Un spot placé très loin sur la droite simule le soleil, car ses rayons sont alors pratiquement parallèles. C'est ce qui nous permet d'avoir des ombres douces sur les bâtiments de premier plan. Placez le soleil très bas sur l'horizon pour avoir de belles ombres. La couleur est légèrement jaune. Un deuxième éclairage, omnidirectionnel, vient déboucher les ombres sur la gauche. Il est bleuté pour simuler la lumière d'ambiance diffusée par le ciel.

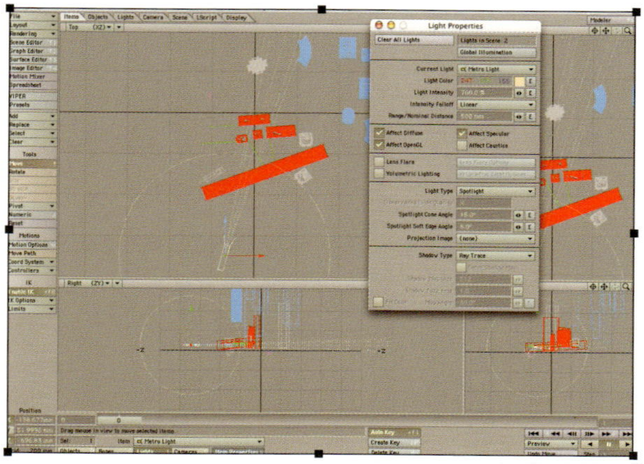

La 3D, par sa précision, fait apparaître des problèmes de composition ou d'éclairage inattendus.

Étape 3

Les textures

Une fois seulement la lumière de base définie, on peut commencer à travailler sur les textures, car leur rendu dépend énormément de l'éclairage. Comme pour la modélisation, il faut toujours réfléchir à quelle taille va être vue la texture. Inutile de dessiner à une résolution trop importante et de surcharger la mémoire lors du rendu. Un petit truc : mieux vaut éviter de trop saturer les textures, car elles seront beaucoup moins sensibles à la couleur de l'éclairage. Une fois les textures terminées, il est temps de finaliser l'éclairage. J'ai eu besoin de 19 lumières pour ce projet. ■

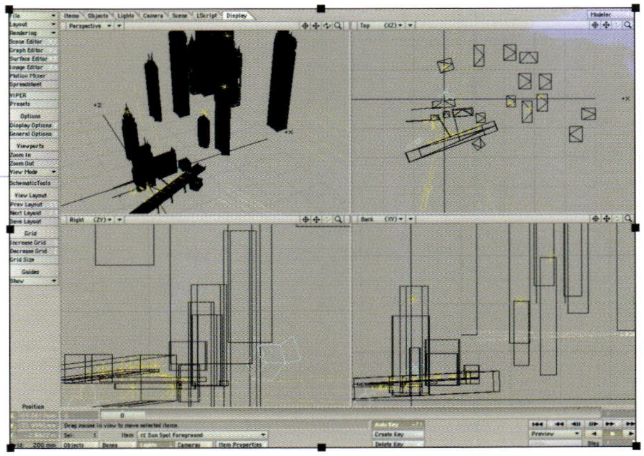

Le rendu est passionnant et éprouvant.
Je n'épargne jamais mes efforts pour trouver le bon éclairage.
Mais une création possède aussi sa vie propre. Il est important de ne pas la lui refuser en luttant inutilement. Le hasard fait parfois bien les choses si on sait l'exploiter.

Étape 4

Les bevels

L'image produite par le logiciel de 3D n'est jamais satisfaisante, même dans le cas où l'on dispose d'un excellent moteur de rendu. LightWave s'illustre très bien dans ce domaine mais il reste pourtant énormément de choses à revoir dans l'image.

Il est souvent plus rapide de retoucher des détails dans Photoshop, voire d'en dessiner certains, que de les modéliser. En cela, le travail de l'illustrateur diffère beaucoup de celui de l'animateur. On commence par nettoyer l'image de toutes les imperfections liées au rendu. Le mieux est de conserver le rendu brut sur un calque séparé afin d'avoir la possibilité de revenir en arrière à tout moment. On ajoute d'abord les bevels là où il aurait été trop long de les modéliser.

Cette image a été conçue dans le but d'en faire un tirage de 1 mètre de large. À de telles résolutions, les lignes trop parfaites de la 3D ne pardonnent pas.

On crée les bevels sur un calque séparé, placé en mode Incrustation. Ce mode est une combinaison de Produit et de Superposition. En clair, vous repassez les arêtes que vous désirez éclaircir d'un trait blanc. Pour les bevels côté ombre, vous utilisez le noir. En ajustant l'opacité du calque, on peut en outre régler l'intensité des bevels. Je commence par travailler sur le pont à droite. Les bevels aident aussi à la compréhension des formes.

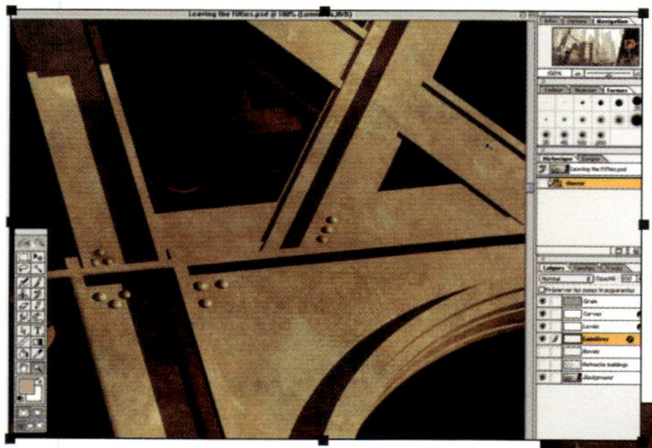

Les bevels aident aussi à la compréhension des formes.

Les ombres

Sur un calque séparé, on ajoute maintenant des ombres douces à l'aide d'un aérographe de teinte similaire à chaque zone à assombrir. Le mode Normal est recommandé dans ce cas. Ici, le but n'est pas de créer des ombres très fortes ou de changer l'éclairage, mais d'adoucir tous les recoins qui le mériteraient. Cette technique revient en fait à simuler la radiosité. Elle ne convient pas à tous les types d'illustration mais apporte énormément dans le cas de productions au style très réaliste.

Étape 4

La lumière

Même un bon éclairage 3D peut être amélioré dans Photoshop. On se rend compte que la partie droite, sous le pont, est trop sombre. Elle brise la composition. Pour y remédier, on dessine des rayons de soleil avec les outils Aérographe et Dégradé. On aurait pu obtenir cet effet en 3D avec un spot volumique, mais les temps de rendu augmentent considérablement. Une fois encore, c'est une démarche particulière à l'illustration. En animation, nous aurions eu recours à la 3D.

Les effets spéciaux

Comme pour le reste du projet, il ne faut pas hésiter à recourir à Photoshop pour ajouter de petits effets de dernière minute. Pour le soleil reflété dans les vitres, on fait appel à deux calques superposés contenant le même motif d'un jaune très pâle. Il ne reste qu'à appliquer un effet de lueur externe sur chacun des deux calques. Le premier reçoit une lueur assez forte, jaune orangé. Le second, au-dessus, utilise une lueur très diffuse plus proche du rouge. ■

Le ciel

Le ciel a été calculé en image de fond au moment du rendu. Mais il est trop sombre à gauche de l'image. En s'aidant de la couche alpha générée par LightWave, on peut travailler uniquement sur le ciel. Grâce à l'outil Tampon, on éclaircit certaines zones en reprenant des portions de ciel situées à droite de l'image. Ensuite, à l'aide du pinceau, on dessine de petites franges claires pour souligner la limite des nuages les plus sombres. On redonne ainsi un aspect illustration à un ciel photographique. Il faut se méfier des ciels photos qui se marient assez mal avec la 3D. Une création 3D, aussi réaliste soit-elle, souffre de la comparaison avec la réalité photographique.

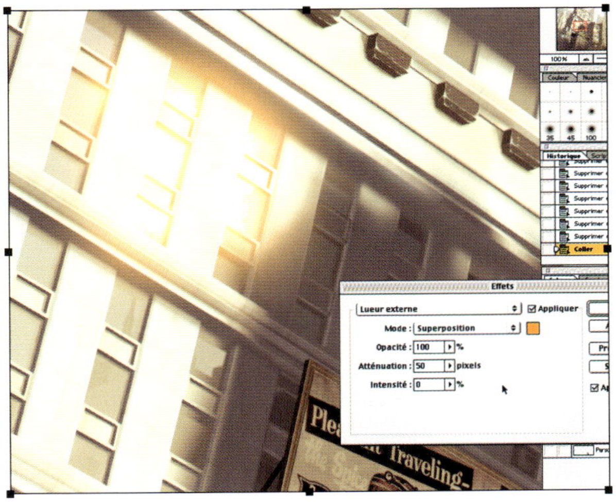

Je crois ne jamais avoir vu un seul rendu satisfaisant sans retouche. La 3D n'est pas une fin en soi. Le travail de l'illustrateur consiste à utiliser tous les outils dont il dispose pour obtenir le résultat recherché. La 3D est un merveilleux outil, mais ce n'est que l'un d'eux.

Étape 5

Le personnage principal est la ville. Mais l'homme au chapeau, en définissant une échelle, lui donne encore plus de présence. C'est sa principale fonction, en dehors de souligner le côté plus humain du passé par son appartenance évidente aux années 50.

Le compositing

Le personnage aurait pu être réalisé en 3D, mais pour gagner en réalisme, on lui préfère une photographie. Un travail très délicat commence, où l'on doit s'assurer que la perspective, les couleurs, le contraste et la lumière s'accordent entre la photo et la 3D.

On débute par le placement du personnage. Il faut donner l'impression que d'autres objets, hors du champ de la caméra, projettent une ombre sur lui. Pour cela, on le copie sur un calque et on réduit la luminosité de ce calque. Il suffit ensuite, à l'aide d'un masque de fusion, de laisser apparaître en dessous la version éclairée. L'intérêt du masque de fusion est qu'il nous permet de retravailler à l'infini la forme de l'ombre.

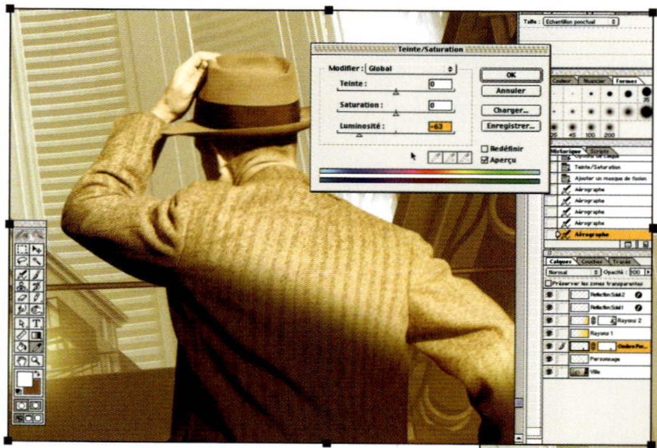

On peut ajouter un dernier filtre de flou de mouvement.

Le flou de mouvement

Une fois la couleur et le contraste corrigés à l'aide des courbes et des niveaux, on peut ajouter un dernier filtre de flou de mouvement. Là encore, on fait une copie sur un calque séparé. En appliquant le filtre sur ce calque et en masquant certaines parties, on peut définir de manière très précise les endroits où on veut l'effet. Ce sont surtout les bras qui doivent donner l'impression de bouger. Ce sont donc eux qui recevront le plus d'effet. Parfois, il est également nécessaire de retirer ou d'ajouter du grain dans la photographie pour uniformiser la composition. Un élément possédant un grain différent sera immédiatement repérable dans l'image. ■

Étape 6

Les corrections colorimétriques

C'est une phase de la plus haute importance pour moi. J'ajoute aussi quelques effets qui renforcent l'atmosphère. Comment ? Ça, c'est mon secret…

Je crois que malgré tout le mal
que l'on peut se donner pour créer une image,
c'est de l'idée de départ qu'émane
sa principale force.
On ne peut réussir à toucher
que si l'on a une forte envie de faire partager
un sentiment ou une idée.
Il m'importe peu qu'une image
soit une parfaite réussite technique.
Je n'aime que celles qui m'atteignent
vraiment.

atelier 02

LUC **BIANCO**

Matériel utilisé

- Compatible PC
  Pentium II 450 MHz
  128 Mo de mémoire vive
  Disque dur 14 Go

Logiciel utilisé

- KPT Bryce

Voyage

Image finale

J'ai voulu ici illustrer le thème du voyage avec ce galion naviguant au large d'un îlot de rochers où se tient l'observateur. Cette image devra faire songer aux voyages d'antan, aux découvertes de paysages encore vierges. La vue du navire s'éloignant contribuera à cette sensation d'évasion, de liberté, et en même temps d'un brin d'amertume pour cette époque à jamais révolue. La mer très calme symbolisera la tranquillité, le silence qui règne dans cette scène du passé.
Pour modéliser mon image, j'ai choisi le logiciel KPT Bryce qui destine plus cette illustration au genre *Heroic Fantasy* qu'à la production d'une image hyperréaliste. Bryce utilise en effet la technique du *raytracing*, qui donne un rendu trop synthétique, trop « propre » pour être réaliste.

Cette image devra faire songer (aux voyages d'antan,
aux découvertes de paysages encore vierges.

Étape 1

Les rochers

Les rochers doivent être modélisés par un maillage fin (512 ou 1024), pour qu'ils aient plus de détails dans leur forme et qu'ils paraissent donc plus réalistes. Le paramètre du maillage est choisi dans la palette flottante du menu d'édition des objets de type Montagne. Pour la base des rochers, je conseille d'utiliser une brosse assez épaisse et très floue, et de disposer de façon non uniforme des motifs se superposant qui formeront le relief.

On lisse ensuite ce relief grâce à la fonction de flou *(smoothing)*, tout en veillant à maintenir une forme homogène et relativement plate.
Pour réaliser la partie émergée des rochers, on peut employer une élévation de type Mounds qui va créer de petits monticules dispersés, d'aspect assez chaotique.

Pas la peine de se soucier maintenant de la hauteur globale des rochers : elle sera réglée de manière précise dans la scène en fonction des autres objets.
Pour l'aspect des rochers, on choisit une texture multicouche sombre en la modifiant éventuellement (comme ici, où le vert de la couche Vege sand a été remplacé par du gris). On augmente au maximum la diffusion de la lumière (100 %) pour donner l'impression de rochers brillants car humides et lissés par l'érosion du milieu marin. En revanche, on annule le paramètre Specularity (0 %) afin de refléter uniquement la lumière sur une zone très localisée. Enfin, il faut jouer sur l'échelle de la texture pour arriver à un bon rendu.

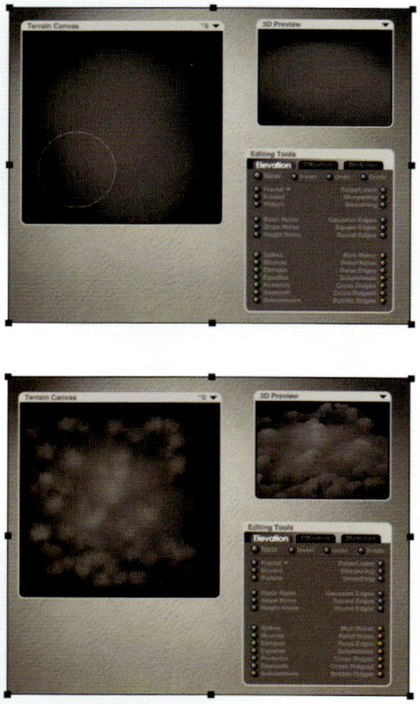

Aspect chaotique des rochers

Après avoir créé ce relief, on le duplique en plusieurs exemplaires (au moins trois) que l'on dispose du premier plan jusqu'au plan intermédiaire. Pour donner un aspect différent à chacun, on les fait pivoter sur eux-mêmes.
Lors de cette étape, il faut donc effectuer plusieurs rendus de contrôle et faire de nombreux essais sur la texture et la forme des rochers avant d'obtenir un résultat satisfaisant. Pour que ces rendus de contrôle soient efficaces, les paramètres d'atmosphère sont choisis très neutres (pas ou peu de brume, soleil blanc éclairant assez directement les rochers). ■

Étape 2

La montagne à l'horizon

La montagne est créée à partir d'un maillage peu détaillé (256) et du motif Warped ridges de l'outil de création du relief. En effet, il n'est pas nécessaire d'avoir un maillage très fin pour cet objet puisqu'il sera éloigné de l'observateur et partiellement caché par la brume et par les nuages.

Toutefois, il est important d'obtenir un contour réaliste, si bien que j'ai choisi une montagne avec une succession de pics qui se détacheront naturellement dans la brume.

Le cadrage d'une bonne illustration 3D répond souvent à certaines règles, issues de la photographie, comme le positionnement judicieux de la ligne d'horizon (au tiers inférieur ou supérieur de l'image, jamais au centre !) ou la décomposition de l'image en trois plans.

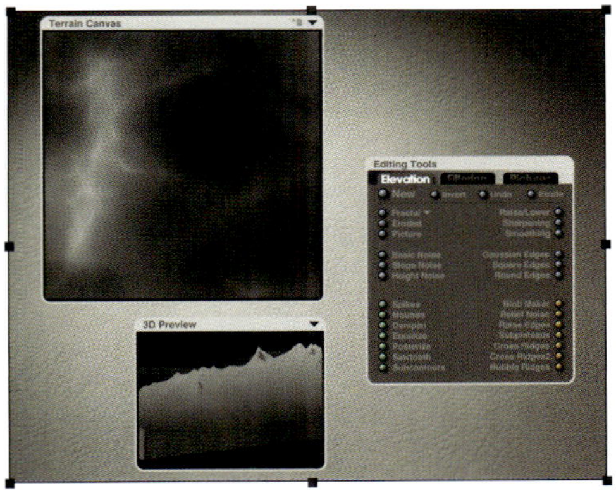

On applique ensuite à la montagne une texture de type Mountain parmi celles de la bibliothèque de KPT Bryce. On prendra soin d'ajuster sa résolution en évitant qu'elle ne paraisse trop tachetée, car cela trahirait le faible éloignement réel de la montagne.

La montagne doit être (redimensionnée
et placée loin de la position de l'observateur.

La montagne doit être redimensionnée et placée loin de la position de l'observateur. Là aussi, il faut effectuer plusieurs rendus avant de trouver le bon angle de vue. On ajustera la position de l'observateur en vue d'obtenir un angle où la base de la montagne est à peine visible au-dessus des rochers et où la ligne d'horizon apparaît environ au tiers inférieur de l'image ■

Étape 3

L'atmosphère

On commence par créer la brume de couleur orange pâle. Elle devra être assez opaque (40 %), afin de cacher partiellement la montagne, et de faible altitude pour laisser le ciel dégagé.

On s'attaque ensuite à la création du ciel, en vue d'obtenir un ciel légèrement voilé par des nuages de basse et de haute altitude. Pour cela, il faut utiliser l'outil dédié à la création d'une texture de ciel (rendu 2D) en activant les deux types de nuages (stratus et cumulus), mais aussi ajouter des objets de type Sphère dans le but de simuler des nuages volumétriques.

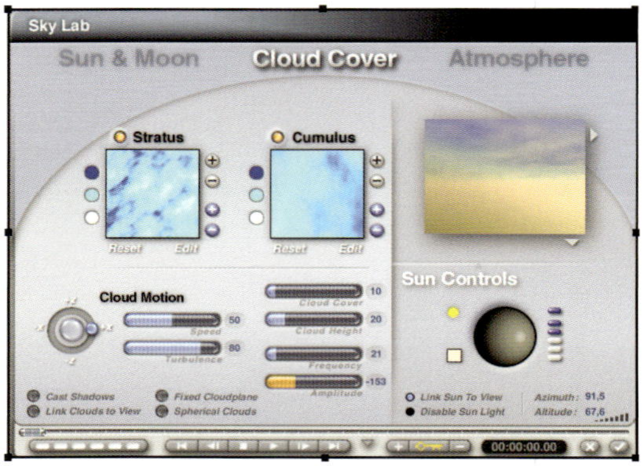

La texture de ciel est paramétrable en fréquence et en amplitude. Pour les nuages de haute altitude, on veillera à éviter un trop fort contraste entre le bleu du ciel et le blanc des nuages. On choisira pour cela une amplitude assez faible (–153) et une fréquence moyenne (21). On désactivera aussi les ombres portées par ces nuages pour ne pas assombrir inutilement l'image.

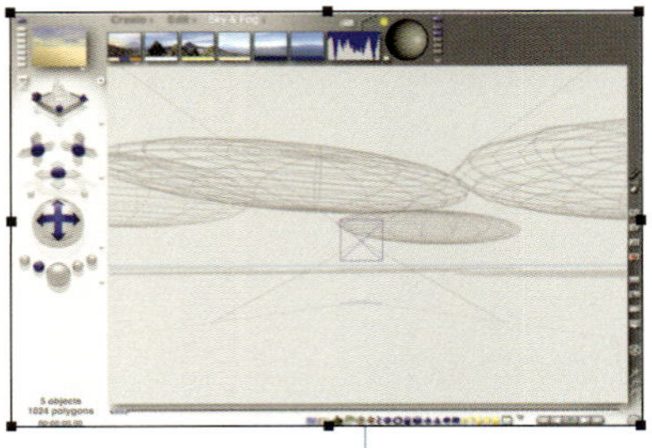

Les nuages de basse altitude sont obtenus en créant des sphères plus ou moins aplaties que l'on place à différentes altitudes et sur lesquelles on plaque une texture de nuage.

Il m'a fallu plusieurs essais pour trouver la juste échelle de la texture. Plus les nuages sont éloignés de la position de l'observateur et plus il faut dilater la texture.

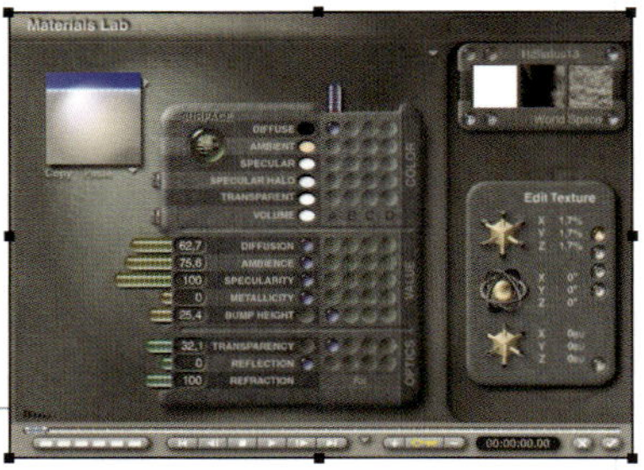

Pensez aussi à désactiver les ombres portées par ces sphères afin d'éviter de voir des ombres sphériques sur le sol !

Rendu du ciel avec nuages de haute altitude

Le résultat obtenu est donc très dépendant de la taille de la texture, et de la position des sphères et du soleil. Une fois le soleil placé, on règle le pourcentage de diffusion de la lumière sur les nuages en vue de ne pas brûler les hautes lumières, car sinon on perdrait les informations de *bump mapping* de la texture.

Une fois le ciel créé, on peut revenir sur les réglages de la brume en affinant son modèle.

Étape 4

La mer

Dans cette scène, l'eau est représentée par un objet de type Plan, disposé à mi-hauteur des rochers. Le but est d'arriver à créer une eau qui paraisse transparente afin de distinguer clairement les rochers immergés, mais tout en lui donnant une impression de volume.

On choisit tout d'abord une texture d'eau de la librairie de Bryce. Pour le pourcentage de réflexion, on prend une valeur assez faible (5 %) en vue d'éviter un aspect miroir de l'eau. Pour le pourcentage de transparence, on fixe une valeur élevée (95 %) afin de favoriser la vision des rochers immergés. On donne à l'eau un indice de réfraction assez faible (105 par exemple, l'air ayant l'indice 100), ce qui a pour effet de peu dévier les rayons lumineux à la traversée de l'interface air-eau, et donc de simuler la faible profondeur de l'eau à cet endroit.

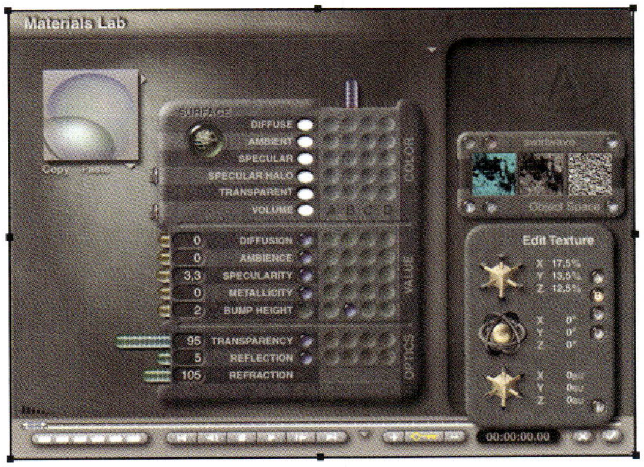

L'eau étant aussi perturbée par la présence des rochers, il faut qu'elle présente des irrégularités sur sa surface (des vaguelettes). Comme l'objet utilisé pour représenter l'eau est un plan, ces irrégularités doivent être rendues par la texture appliquée.

Pour cela, on dispose communément du paramètre de bump mapping. L'amplitude des vagues est donc réglée en ajustant ce paramètre. Quant à la forme des vagues, on peut la modifier en jouant sur l'aspect ou sur l'échelle de la texture.

Un rendu avec les rochers permettra de mettre en évidence les imperfections et de les corriger.

Étape 5

Le bateau et les oiseaux

On peut modéliser le bateau avec KPT Bryce, ou bien tout simplement choisir sur Internet un modèle 3D dans une bibliothèque d'objets.

Le bateau étant éloigné, on peut se permettre de choisir un objet avec peu de polygones, ce qui a aussi l'avantage d'accélérer les temps de calcul, d'affichage et d'accès disque.

On utilisera pour la coque une texture simple de couleur marron, et pour les voiles une texture blanche très lumineuse permettant de simuler la faible épaisseur de la toile. On aurait pu choisir une texture des voiles légèrement transparente, mais vu la distance du bateau, cela n'apporterait rien de plus. Donc autant opter pour une texture opaque, mais lumineuse, ce qui accélérera le rendu (pas de transparence à calculer).

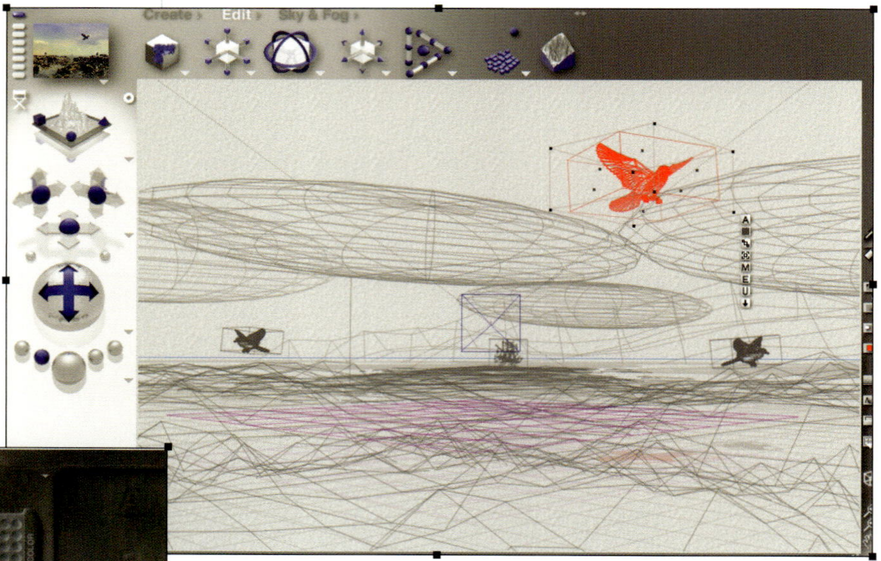

J'ai décidé d'ajouter des mouettes dans le paysage, afin d'intensifier la sensation de nature que doit offrir cette image. Les oiseaux sont ici des objets 3D relativement simples, issus eux aussi d'une librairie d'objets sur Internet.
On leur appliquera une texture blanche et assez lumineuse. ■

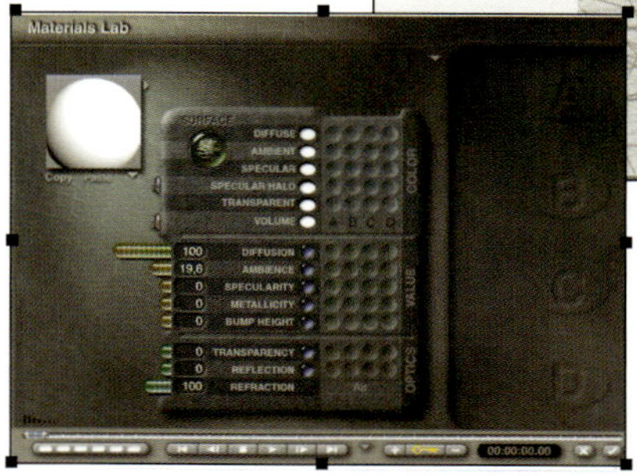

J'ai décidé d'ajouter des mouettes dans le paysage, afin d'intensifier (la sensation de nature *que doit offrir cette image.*

Étape 6

La mise en scène

Position du bateau et des mouettes

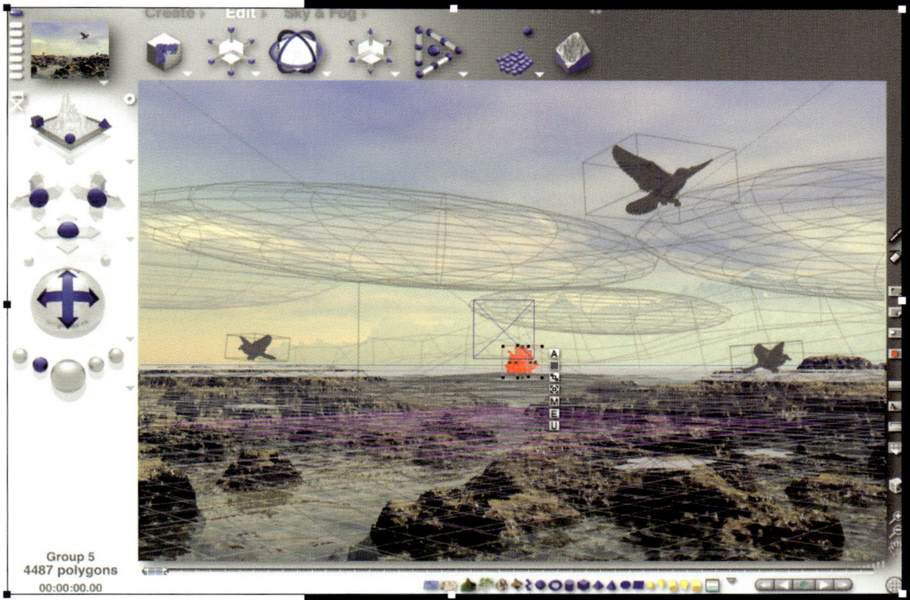

Nous avons déjà vu le positionnement des rochers, de la montagne et de l'eau. Pour le soleil, j'ai choisi de le placer à mi-hauteur, de manière à obtenir une lumière jaune, et sur le côté de l'image, afin d'éviter un contre-jour tout en permettant des ombres visibles sur les rochers et sur l'eau. L'ambiance lumineuse de ce paysage est en effet assez chaude, et le soleil, relativement bas, favorisera les ombres, ce qui accentuera le volume des différents éléments de la scène. Il faut cependant éviter de le placer trop bas, car cela nuirait à l'uniformité de l'éclairage et donnerait une dominante rouge à l'ensemble.
Pour les paramètres de la caméra, mieux vaut prendre une focale courte pour simuler un grand angle (de 24 à 28 mm). L'ouverture de la caméra devra être plutôt faible afin de disposer d'une profondeur de champ importante (f8 à f16).

Pour le format de l'image, plusieurs choix sont possibles, les plus communs étant 3/2, 4/3 ou 16/9. Pour un rendu écran, on peut faire calculer l'image dans une résolution plus élevée que celle désirée. On réduira ensuite l'image, en lui appliquant un filtre de netteté de 50 à 70 %, mais tout en évitant un effet d'escaliers sur les contours des objets. Généralement, j'ai remarqué que le résultat obtenu est meilleur que si l'on fait calculer directement l'image dans sa résolution finale.

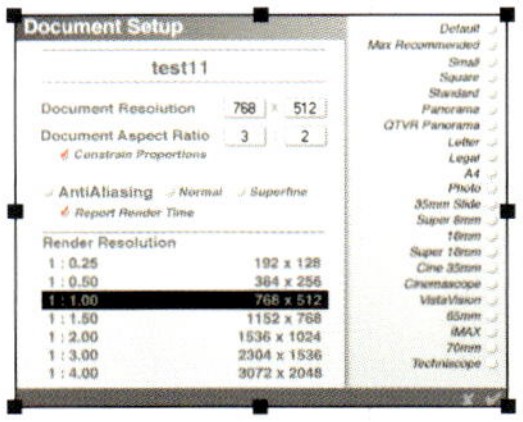

Pour un rendu papier, il est préférable de laisser l'image dans sa résolution d'origine. Si l'on sait à quelle taille on désire le tirage, il faut savoir qu'en divisant la taille en pixels de l'image par 100 dans une résolution de 300 dpi, on obtient la taille approximative du tirage en centimètres.

Par exemple, une image de 1600 x 1200 pixels imprimée en 300 dpi donnera une image d'environ 16 x 12 cm.

Outre la résolution de calcul, le résultat dépendra également des options de rendu choisies.
Pour les rendus intermédiaires, choisissez un rendu classique, sans *antialiasing* et sans trop de rayons. En revanche, pour le rendu final, augmentez le réalisme de votre paysage en faisant calculer la scène avec activation des ombres douces et augmentation du nombre de rayons (*raytracing* : technique de rendu consistant à retrouver le trajet naturel des rayons lumineux depuis la source lumineuse jusqu'à la caméra). Pour éviter des effets d'escalier sur les contours des objets de la scène, on activera le paramètre Antialiasing. ■

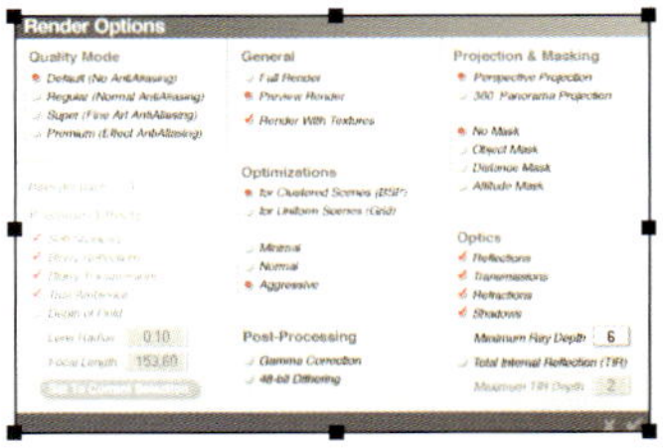

Choix des paramètres de rendu

La création de paysages virtuels doit suivre la même approche que la prise de vue photographique : choix de l'éclairage (couleur, intensité, placement de la source lumineuse), de la prise de vue (focale et ouverture de la caméra), du cadrage et du format. Il faut surtout soigner la lumière car c'est elle qui met réellement en scène le paysage et en valeur les éléments qui le composent.

atelier 03

PASCAL **BLANCHÉ**

Matériel utilisé

- PC tower
  Pentium III 666 MHz
  396 Mo de mémoire vive
  Disque dur 40 Go

Logiciels utilisés

- 3ds max 4.2.1
- Photoshop 5.0
- Painter 5
- Arnold Renderer

Darklord

Modélisation — Mise en scène — Image finale

Darklord est avant tout un exercice de style, un projet personnel. Je m'étais fixé ici comme but de créer une illustration qui s'approche du style graphique des peintres et artistes d'Heroic Fantasy, comme Frazetta, Bisley ou Brom.

Le problème récurrent des logiciels 3D, c'est le rendu : on obtient bien trop souvent une qualité d'image froide et sans âme, un peu comme les peintures à l'aérographe, et du coup, il manque généralement un petit quelque chose.

Ainsi, avec 3ds max, le principal problème vient des limitations du moteur de rendu livré avec le logiciel. Toutefois, il est possible de contourner parfois ce problème, et je vais vous livrer quelques petites astuces que j'utilise pour obtenir une image plus léchée…

Darklord (**est avant tout un exercice de style,** *un projet personnel.*

Étape 1

La modélisation du personnage

Sur 3ds max 4, ma méthode préférée pour créer des formes s'appelle Boxmodelling. Elle consiste dans les grandes lignes à modéliser à partir de primitives simples (cubes, capsules et sphères avec un niveau de détail entre 8 et 12) et de rajouter un lissage/maillage *(meshsmooth)* par-dessus afin d'obtenir une forme plus organique.

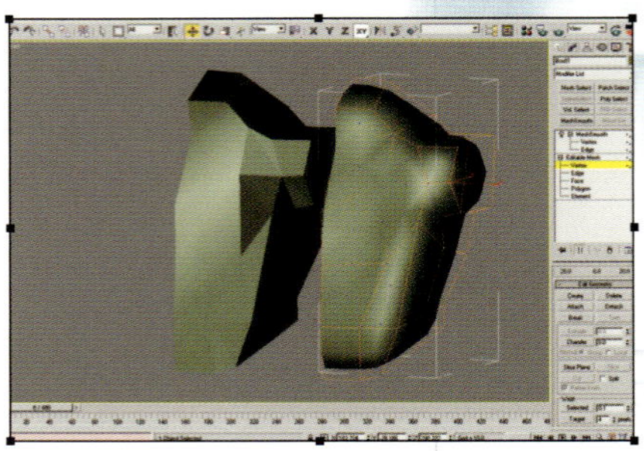

Je préfère généralement travailler en maillage éditable plutôt qu'en polygone éditable, car bien que ce nouvel outil ait des options intéressantes, la plupart des fonctions puissantes comme Turn edge ou Visible/invisible edges y ont été retirées ou sont devenues beaucoup trop complexes et fastidieuses à manipuler. Pour le personnage de Darklord, je suis parti d'un

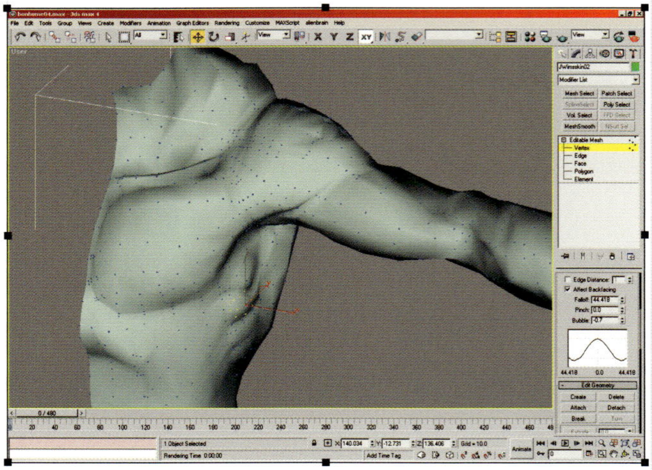

modèle que j'avais déjà créé : c'est l'un des avantages de l'image de synthèse, on n'est pas toujours obligé de repartir de zéro. Je possède ainsi en réserve deux trois corps « de base » que je réutilise pour chaque nouvelle illustration, y rajoutant ou modifiant des éléments selon mon gré. Sur Darklord, j'ai retravaillé profondément le visage ainsi que les mains, les épaules, et les bras.

De manière générale, je crée une première forme très basique, avec une idée des proportions qui m'intéressent. Sur Darklord, je voulais une nuque démesurée, suffisamment musclée pour supporter le poids des cornes (un peu à l'image du démon dans le film *Legend* de Ridley Scott).

Le front est une extension osseuse qui cache le regard de la créature, lui donnant un air encore plus inquiétant.

Quand vous créez un personnage, la pose classique est de mettre le personnage debout, les jambes et les bras écartées, les coudes et les genoux légèrement fléchis, doigts en éventail afin de pouvoir le déformer plus facilement par la suite.

Il est en effet plus simple et plus pratique de réaliser un personnage animable que de le créer directement dans la pose voulue. Quand les formes générales me plaisent, je commence à travailler en détail un seul côté du personnage. Je rajoute des faces et des arêtes pour souligner la forme des muscles, en essayant généralement de garder deux ou trois lignes directrices fortes *(edgeloop)* dans la constitution du maillage. C'est un point important qui permet de maintenir une cohésion dans l'anatomie du personnage, même si celui-ci n'est pas réaliste.

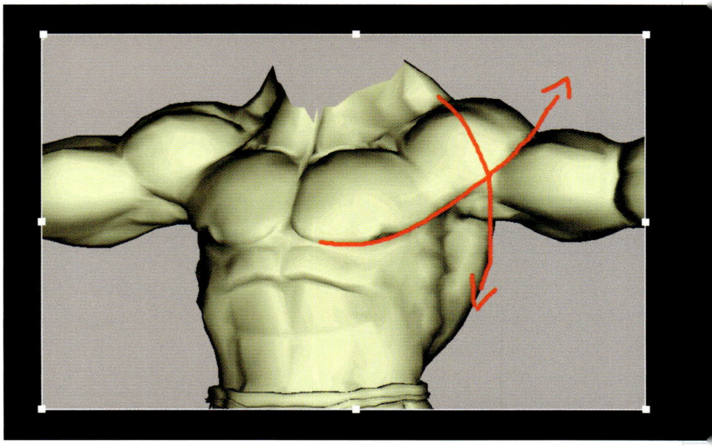

Étape 1

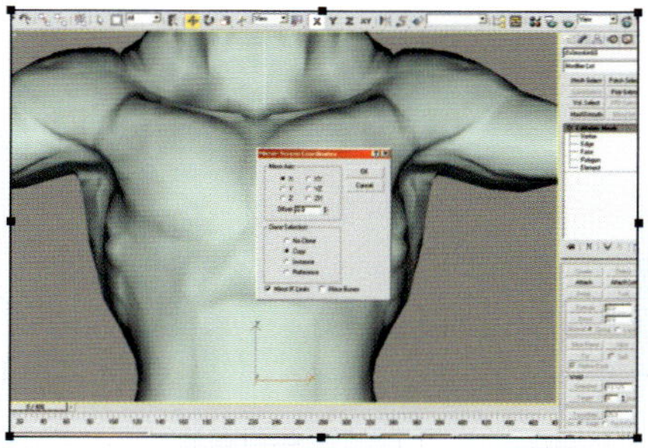

Application d'une symétrie

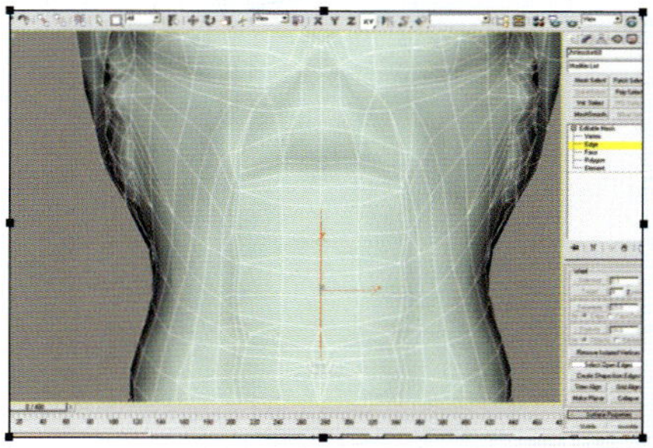

Sélection des arêtes ouvertes

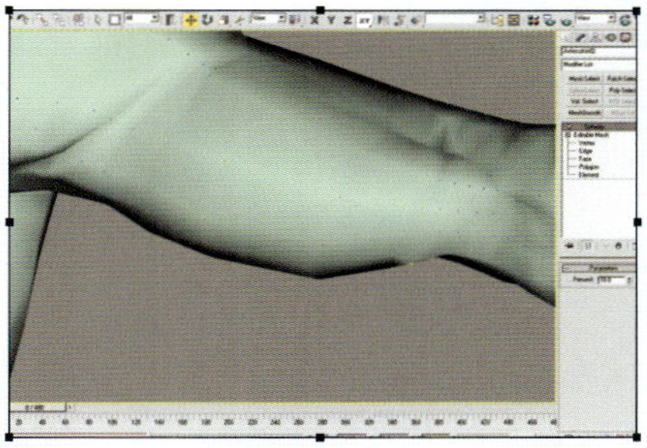

Rajout d'un spherify

Après chaque manipulation de ce genre, j'écrase la pile de *modifiers* pour repartir sur un maillage plus propre. J'utilise ainsi beaucoup de modifiers, comme le *relax*, le *twist* (pour obtenir une légère torsion des muscles du bras), le *bend*, et les cages de déformation. Veillez à ne pas écraser la pile de modifiers du mesh avec votre meshsmooth activé : vous vous retrouveriez avec un maillage complexe beaucoup trop tôt ! Le meshsmooth sert uniquement au rendu final. Toutes ces directives peuvent paraître un peu obscures à première vue, mais avec le temps, cette méthode s'avère irremplaçable.

Je supprime ensuite la moitié non travaillée du mesh, et j'applique une symétrie que je recolle à l'original pour obtenir deux parties travaillées.

Après avoir joint les vertex des deux moitiés avec l'outil Weld selected (avec une marge d'erreur à 0,5), je vérifie qu'il n'y a aucune face ouverte en cliquant sur l'option de sélection des arêtes ouvertes.

Si rien n'apparaît, c'est que mon maillage est bien fermé. Je recommence alors toute l'opération, en allant à chaque fois un peu plus loin dans les détails.

Une autre astuce que j'utilise souvent est de combiner des soft sélections de vertex avec les modifiers de base de 3ds max. Par exemple, je vais sélectionner le biceps puis, tout en gardant la sélection ouverte, rajouter un spherify par-dessus, réglé à 10 ou à 20, afin d'obtenir une forme à la rondeur plus acceptable.

Étape 2

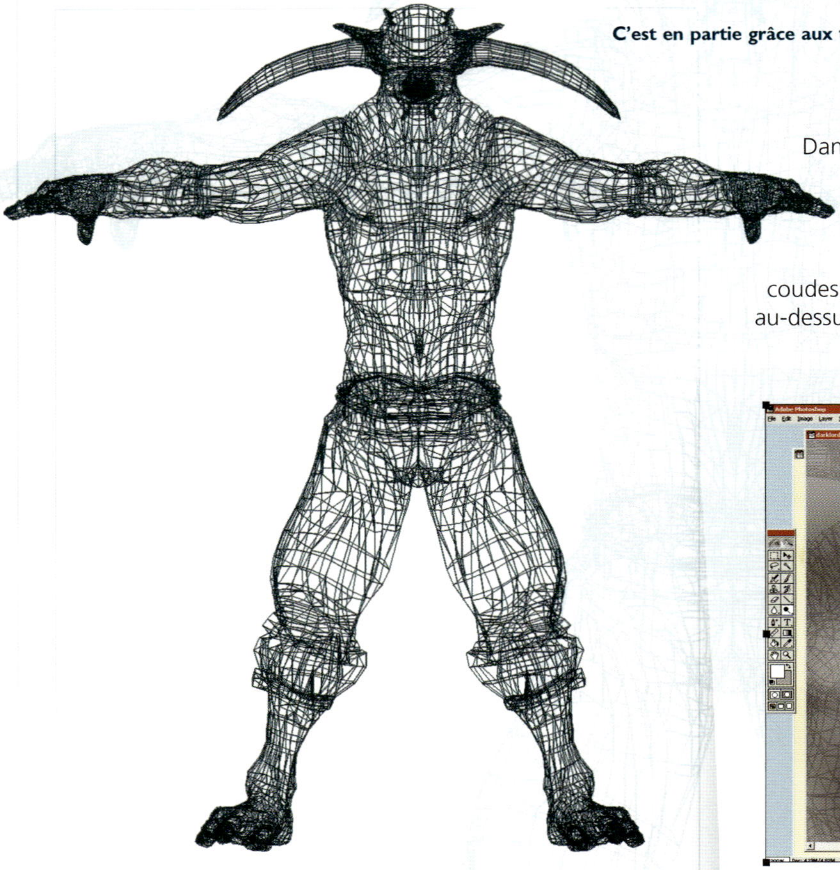

C'est en partie grâce aux textures et (matériaux appliqués à mes personnages *que j'obtiens un aspect « peinture » dans mes travaux.*

Dans un premier temps, je travaille les volumes sur un fond gris, grâce à l'outil Dodge/burn, en changeant souvent de taille de brosse. Je vais en général du plus sombre au plus clair, et des volumes généraux jusqu'aux petits détails comme les veines, les rides, les plis autour des coudes, poignets, etc. Je crée ensuite un second *layer* au-dessus, en mode transparence Color, sur lequel j'applique

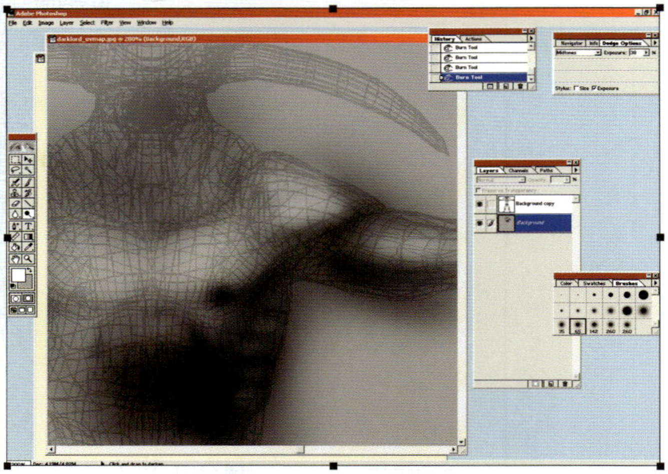

Les textures

La plupart du temps, je me contente d'un simple *planar mapping*, face et arrière. Avec l'utilitaire Unwrap texture, je récupère une image 2D de mon maillage, qui va me servir d'image de référence sur Photoshop. En fait j'utilise cette image en fil de fer en calque transparent, pour repérer les formes du personnage.

les dégradés de teintes qui m'intéressent. Puis je rajoute un peu de matière sur l'ensemble de l'image, en utilisant un effet de *noise* (Filters>Noise>Add noise en mode monochrome) ou un effet *cloud* en transparence *overlay* ou *softlight*. Je crée ainsi plusieurs textures qui me serviront plus tard pour créer mes matériaux : « diffuse » (couleur de mon matériau), « shininess » (intensité de lumière), « bump » (effet de relief) et je retourne dans 3ds max.

Étape 2

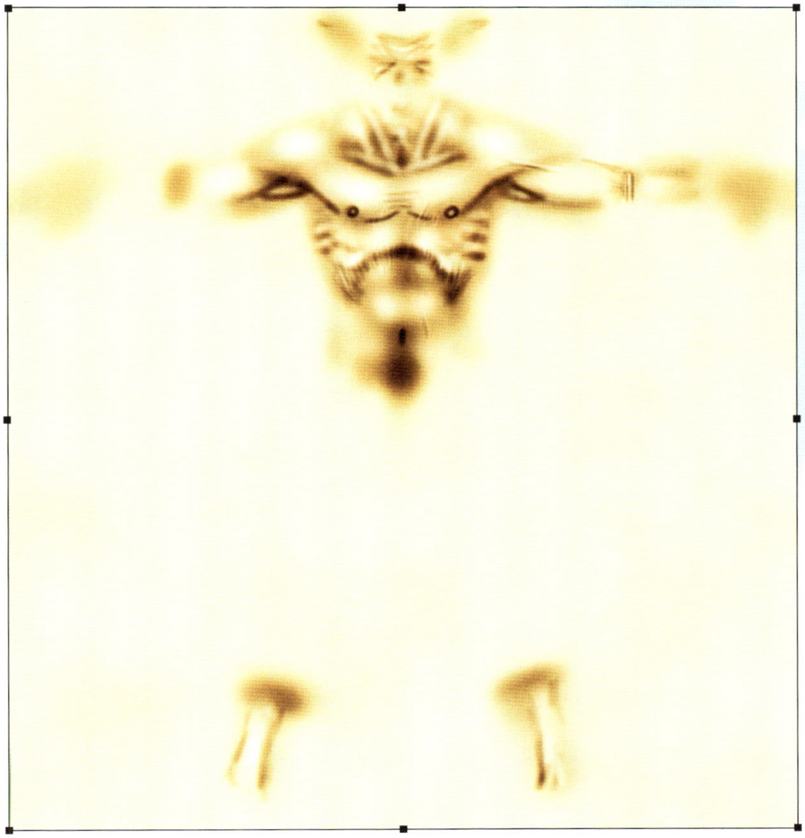

Pour obtenir un aspect moins « image de synthèse », j'utilise généralement le *shader* Oren-nayar qui donne déjà par défaut un aspect plus satiné. Afin d'adoucir les matériaux comme la peau ou les tissus, j'utilise un *faloff* (texture procédurale de max, utilisée pour créer des effets de dégradés en prenant en compte la forme de l'objet) en *self-illumination*, à intensité 30 ou 40, ce qui permet d'avoir un effet d'accroche de lumière sur les contours du personnage. ■

J'évite également le plus possible les brillances sur mes matières car elles ont tendance à trop ramener l'image vers un côté plastique lissé et « synthèse ». Même chose pour les effets de texture bump que j'emploie avec parcimonie, car ils attirent de manière exagérée l'œil du spectateur et cassent du coup l'harmonie de l'image.

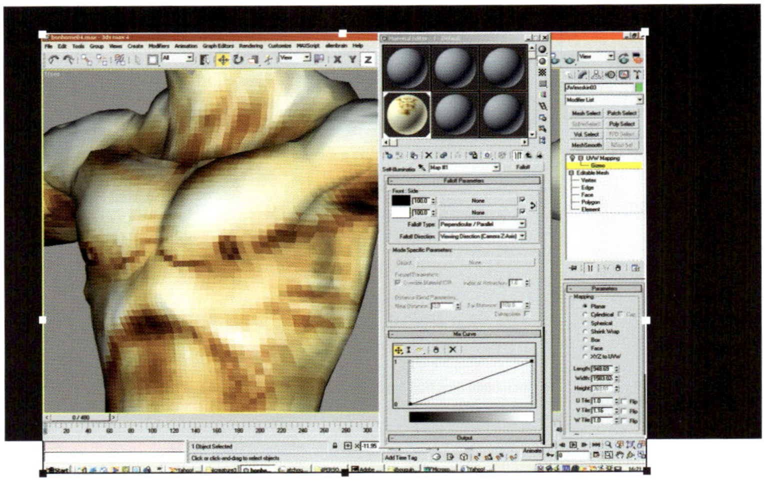

Étape 3

La mise en scène

Dès le début, j'ai eu en tête l'idée de faire poser ce personnage sur une sorte de piédestal, un peu comme une gargouille. Pour ce faire, il est obligatoire de passer par la lente et fastidieuse étape de *skinning*, processus qui permet d'attribuer un squelette animable à votre personnage, histoire de pouvoir le mettre ensuite dans la posture de votre choix.
Sur 3ds max, j'utilise Character studio pour créer le squelette et Physique pour paramétrer les déformations d'enveloppe.

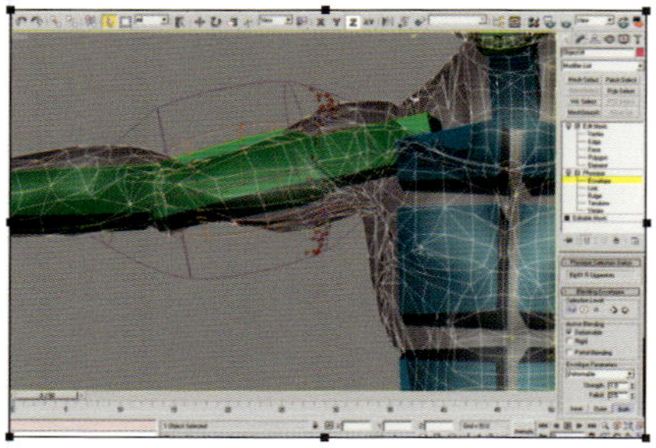

Il est important à cette étape de prendre le temps de tester les déformations de son personnage. Je crée ainsi très souvent deux ou trois poses extrêmes en animation, les bras levés, ou en pose accroupie, pour bien vérifier que toutes les parties du corps réagissent convenablement.

J'ai ensuite ajouté à la scène un pilier incrusté de crânes, et sur ma lancée, j'ai équipé mon personnage d'une faux d'aspect sinistre, composée d'une double colonne vertébrale, et d'une cape flottant au vent.

La cape est issue d'une technique que j'emploie beaucoup dans la confection des vêtements : je crée une simulation de tissu (déformation de mesh) grâce au modifier Simcloth (un freeware facile à trouver sur Internet).

La méthode est très simple, il suffit de créer une feuille de maillage plane (ne pas oublier de lui attribuer des co-ordonnées de textures avant de faire la simulation) et de se servir du personnage comme boîte de collision. Il ne me reste plus ensuite qu'à affiner de nouveau la forme, en rajoutant, dans un modifier, edit mesh sur le maillage et en retravaillant l'alignement des *edges*. ■

Étape 4

Le cadrage

Après quelques réglages de la pose finale, où je passe en revue toutes les imperfections que j'aurais pu oublier (pose générale naturelle, pas de raccourcis d'angle des genoux et des coudes, doigts pas trop raides, jointures bien en angle…), je rajoute quelques éléments supplémentaires susceptibles de donner plus de cachet et de vécu à l'ensemble de l'image. À ce niveau, ce sont les petits détails qui font d'une illustration une histoire… C'est un de mes moments préférés dans le processus de création.

Ensuite, je fais un *snapshot* de mon maillage (Tools>Snapshot) dans une pose qui me convient, puis je récupère cette forme pour l'ajuster de nouveau jusqu'à obtenir la forme désirée. Utiliser l'outil de snapshot de max en fin de réalisation permet de travailler de nouveau sur un maillage propre, sans avoir de soucis à se faire avec les modifiers attachés au maillage original (le snapshot de max est un outil qui crée une copie de l'objet en l'état).

Après quelques essais de cadrage, où je regarde surtout la composition des lignes de force de mon illustration finale, j'ajuste légèrement la forme générale de mon sujet en rajoutant un edit mesh. À ce point de la réalisation, je me concentre sur la silhouette, quitte à la déformer fortement. Certaines de mes réalisations ne peuvent être ainsi appréciées que d'un seul point de vue : sous un autre angle, ça ressemblerait plutôt à du Picasso !

Certaines de mes réalisations ne peuvent être ainsi (appréciées **que d'un seul point de vue :** *sous un autre angle, ça ressemblerait plutôt à du Picasso !*

Il y aura toujours des puristes pour désapprouver ce genre de méthode, mais en ce qui me concerne, j'aime aller à l'essentiel, et surtout à un résultat proche de ce que j'ai en tête. Qu'importe que le personnage ainsi créé ne puisse être vu sous un autre angle ou même animé : il ne faut pas perdre de vue qu'il s'agit d'une illustration.

Étape 5

L'éclairage et le rendu

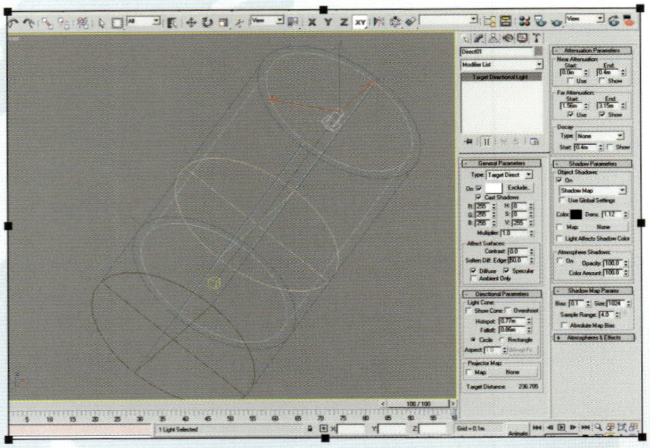

Une règle d'or à respecter quand on fait de l'éclairage en 3D : rester le plus simple possible ! Généralement, comme c'est le cas ici, je n'utilise qu'une seule lampe, le plus souvent une Target directionnelle, car j'aime la lumière que celle-ci diffuse : les rayons lumineux des Target directionnelles sont parallèles et se rapprochent ainsi plus d'un éclairage naturel que les autres lampes.

Je la place au-dessus et un peu en avant de mon sujet et surtout, je n'hésite pas à garder une partie de mon modèle dans l'obscurité. On retrouve trop souvent dans les images générées par ordinateur cette insistance à vouloir à tout prix montrer son modèle. En fait, sans exagérer, moins on en montre, plus on laisse place à l'imagination du spectateur. Il m'arrive tout de même de devoir « déboucher » mes ombres avec une lumière omnidirectionnelle ou deux, ce qui permet aussi d'adoucir l'image.

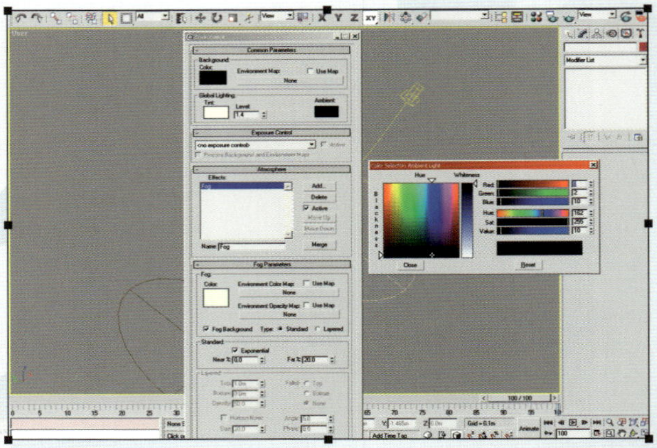

Pour les ombres, je vous recommande les paramètres suivants (type d'ombre : shadow map ; bias : 0,1 ; size : 1024 ; sample range : 4,0), vous obtiendrez ainsi des ombres tranchantes et très ajustées.

Je joue aussi beaucoup avec les paramètres d'environnement de max. Par défaut, ces paramètres sont beaucoup trop ternes : il faut toujours s'arranger pour obtenir une légère teinte dans les zones surexposées et ombrées. Un jaune pâle pour la teinte du Global lighting et un bleu profond pour la valeur minimum des ombres feront l'affaire. Utilisez aussi un léger brouillard (*fog*) pour donner un peu d'atmosphère et de profondeur à votre scène.

Silhouette alpha

Il m'arrive aussi de faire appel à des moteurs de rendu additionnels, qui vous donnent accès à de nouveaux paramètres comme le *global illumination* (très en vogue en ce moment). Pour ma part, je suis assez satisfait des résultats de Vray (disponible) et de Arnold, le plus photoréaliste à ce jour (encore en version bêta). Je rends ensuite mes images en très haute définition (4000 par 3000 pixels), ce en vue d'éventuelles sorties papier, mais aussi afin d'obtenir une plus grande définition d'image lors de la retouche. Je sors mes images en format Targa 32 bits pour pouvoir conserver la silhouette alpha. ■

Étape 6

La retouche

J'ai ensuite créé un fond nuageux à partir de diverses photographies de ciels retouchées à la palette graphique sur Painter. Pour ce fond, je me suis inspiré des fonds nébuleux de Frazetta, ainsi que de sa palette de couleurs.

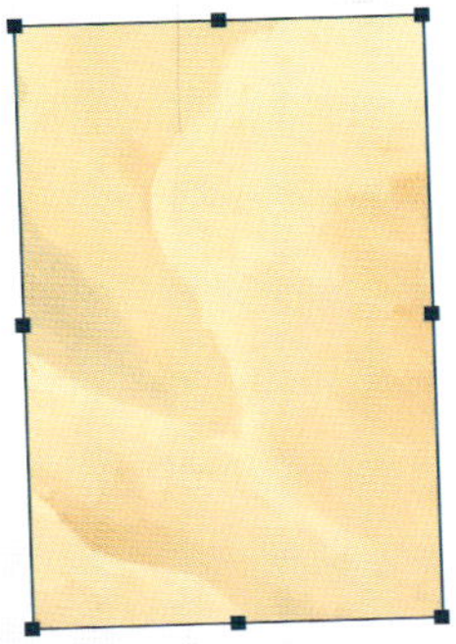

Painter est vraiment fantastique pour obtenir rapidement des effets de matière : par exemple, j'ai pu créer ici une impression de texture de canevas, comme si la couleur avait été appliquée sur une toile. Je n'utilise d'ailleurs Painter que dans ces cas : pour le travail et la finition de mes images, je préfère de loin Photoshop.

Vient ensuite la retouche finale, où j'ai travaillé un bon moment en zoom très serré sur Photoshop avec l'outil Dodge/burn pour rehausser les volumes et creuser les ombres. À ce stade de mon travail, j'essaie de pousser encore un peu plus le niveau de détail que je n'ai pu obtenir dans max.

Puis j'ai peaufiné quelques détails comme rajouter des morceaux de fibres déchirées dans les trous dans la cape, affiner la texture du pantalon au niveau des genoux et ajouter de la patine sur les crânes.

Avant

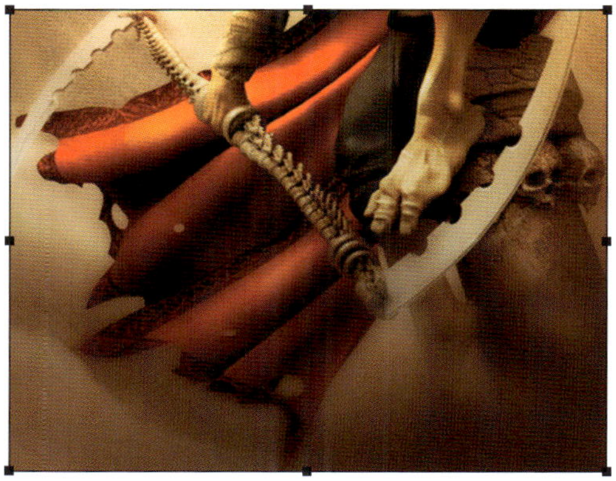

Après

Je fais enfin quelques réglages de teintes, Level et Saturation, et je peaufine mon éclairage avec des dégradés noir/blanc appliqués en transparence *soft light*. Il n'y a plus qu'à apposer la signature ! ■

Voilà ! Si vous suivez à peu près ce même processus de création, vous devriez voir vos images s'améliorer de manière significative. Le plus difficile est de s'attacher à bien terminer le travail, tout en ayant toujours à l'esprit votre idée du produit final. Une fois votre première illustration réalisée, vous verrez que les autres suivront plus facilement et ne cesseront de s'améliorer.

atelier 04

YANN COUDERC

Matériel utilisé

- Appareil photo Nikon F3 24 x 36 mm
- Film négatif couleur Fuji Superia 100
- Scanners Agfa SnapScan 1212u
  & Epson Perfection 1200
- Compatible PC - 512 Mo de mémoire vive

Logiciels utilisés

- LightWave 3D 6.5
- Photoshop 5.0 LE

Après la pêche

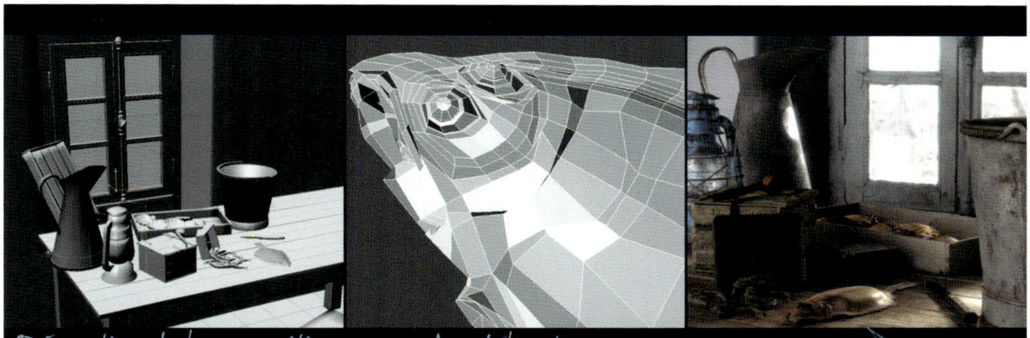

Préparation de la composition — Modélisation — Image finale

L'idée ici est d'évoquer l'univers d'un marin pêcheur breton des années trente, à travers une nature morte. Afin d'obtenir un certain réalisme, j'ai choisi une époque et un lieu précis, pour ensuite réunir la documentation nécessaire sur le métier et les outils utilisés. Même si tous les observateurs ne seront pas forcément sensibles à la fidélité de la reconstitution, la respecter permet de garantir une certaine cohérence dans la scène, évitant ainsi des anachronismes qui pourraient trahir la nature artificielle de l'image.

Dans le même esprit, il est utile d'essayer de se mettre à la place du pêcheur, ce qui obligera à placer les objets de manière naturelle, en pensant à leur fonction, à la façon dont ils sont manipulés puis posés sur la table.

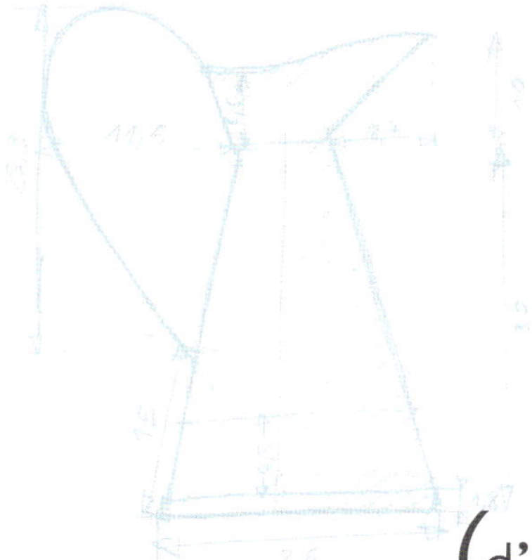

L'idée ici est d'évoquer l'univers (d'un marin pêcheur breton des années trente.

Étape 1

Préparation de la scène

Il faut d'abord déterminer les objets qui composeront la scène. Pour cela, il est important de choisir des éléments variés, de nature, formes et proportions bien distinctes, afin de faciliter le travail de composition.
Idéalement, il est préférable de réunir le maximum d'objets réels pour pouvoir les reproduire fidèlement ; quand ce n'est pas possible, il faut au moins être en mesure de déterminer les dimensions de l'objet à l'aide d'une documentation fiable, ce qui permettra d'obtenir des rapports d'échelles exacts entre les éléments de la composition.

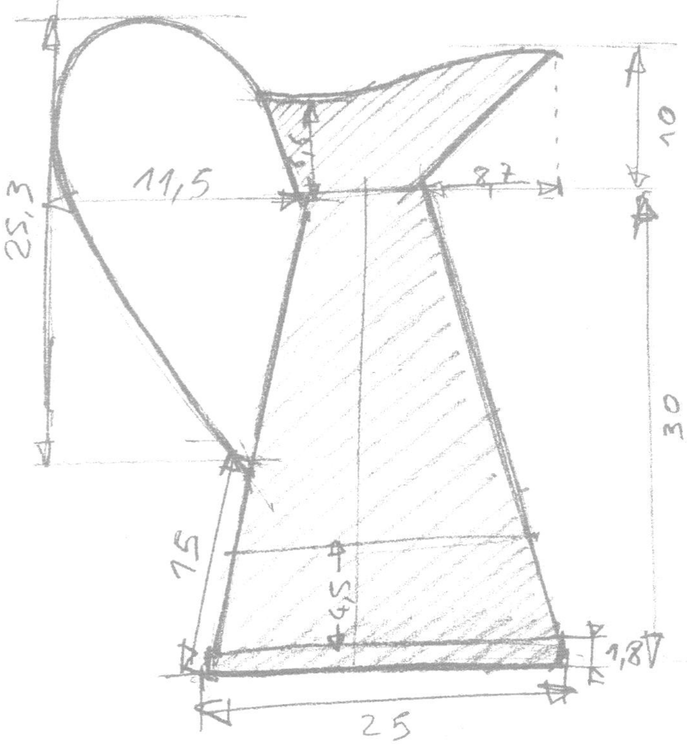

La collecte de toutes ces informations peut être longue et difficile, mais c'est une étape à ne pas négliger... car le résultat final dépend en grande partie de ce travail préparatoire.

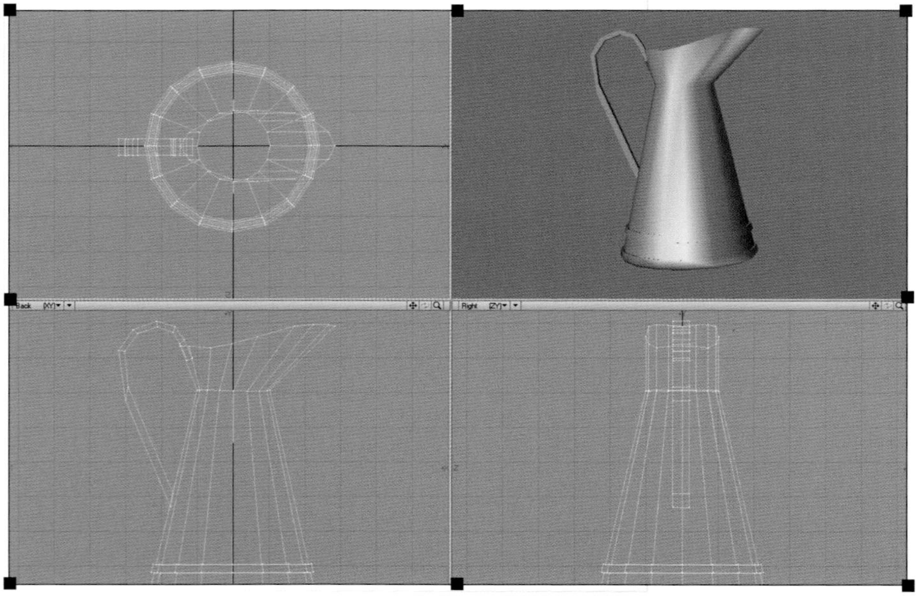

Création des objets basse définition

Une fois les objets choisis, il faut ouvrir LightWave Modeler (modeleur 3D) et modéliser pour chacun d'eux une version basse définition, ce qui, en plus de servir de guide pour les modélisations définitives, permettra de mettre en place la composition rapidement, en évitant d'avoir à construire des objets finalement hors du champ de vision.
Le fait de créer la composition avant la modélisation définitive permet aussi de connaître le niveau de détail nécessaire pour chaque objet, en fonction de sa position par rapport à la caméra.
Pour cette étape, on utilise au maximum les primitives pour gagner du temps. Les dimensions, en revanche, devront respecter l'objet original, puisque ces modèles temporaires serviront à définir les proportions de la scène. ■

Étape 2

Mise en place de la composition

Il faut maintenant importer tous les objets basse définition dans le module de création de scène, d'animation et de rendu de LightWave, le Layout. Il est préférable de les ajouter un par un, en commençant par les éléments de décor (la table, la fenêtre...), puis les objets importants, et enfin les détails. Une fois les objets placés dans une première position, qui s'avère en général assez éloignée de la composition définitive, je positionne la caméra de LightWave. Le Zoom factor est réglé sur 6, ce qui

restitue environ la perspective d'une focale 80 mm d'un format 24 x 36. Ce choix permet d'obtenir un angle proche de la vision d'un peintre, en limitant les déformations. Cela oblige également à regrouper les objets, ce qui permet une composition riche.

> En vision normale, le cerveau corrige certains effets de perspective, de sorte qu'à moins d'être en franche plongée ou contre-plongée, les lignes perpendiculaires au sol sont perçues parallèles. Dans le cas d'une image cadrée, des verticales fuyantes créeraient un effet disgracieux, en s'opposant aux bords du cadre et cela d'une manière d'autant plus accentuée que l'angle de champ est grand ou la focale courte. C'est pourquoi, en photographie comme en image de synthèse, on évite généralement les fuyantes sur l'axe vertical.

En passant en vue Camera, on s'aperçoit que la focale choisie nécessite un recul important. Il faut donc cadrer au mieux les objets, puis les replacer soigneusement pour obtenir une composition harmonieuse.

Si un élément n'a pas sa (place, il ne faut pas *hésiter à le supprimer.*

C'est à ce moment qu'il faut avoir à l'esprit toutes les notions évoquées au début de l'atelier, pour que chaque outil du pêcheur soit placé de manière naturelle et réaliste. C'est également ici qu'il faut faire des choix : si un élément n'a pas sa place, il ne faut pas hésiter à le supprimer ; de même, s'il y a un vide et qu'aucun des objets disponibles ne peut le combler de manière satisfaisante, il peut être nécessaire d'en ajouter un nouveau. En bref, il faut veiller à l'équilibre global de la composition.

Étape 3

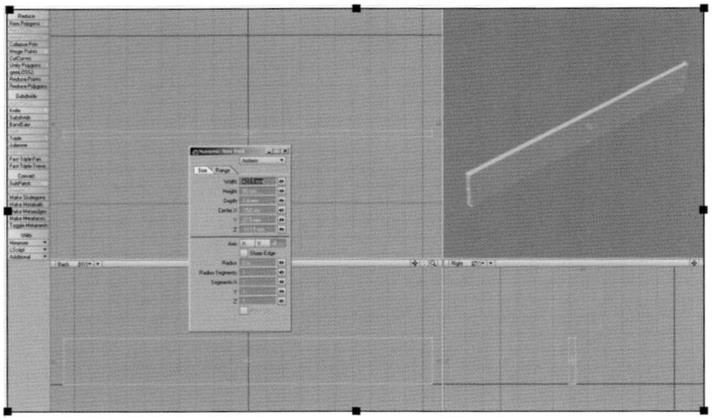

La majorité des éléments de l'image ont été modélisés en mode Subpatch. Si on observe attentivement les angles d'objets réels, on constate qu'ils sont très souvent arrondis ou émoussés. Les subpatchs (il s'agit du nom donné aux subdivisions de surfaces dans LightWave) permettent de reproduire ces imperfections de façon naturelle, évitant ainsi les arêtes parfaites qui trahissent souvent l'image de synthèse.

La modélisation

Commençons par la caisse en bois. Après avoir mesuré les dimensions d'une planche latérale, on crée un parallélépipède grâce à l'outil Box, en rentrant les dimensions exactes dans le panneau Numeric.

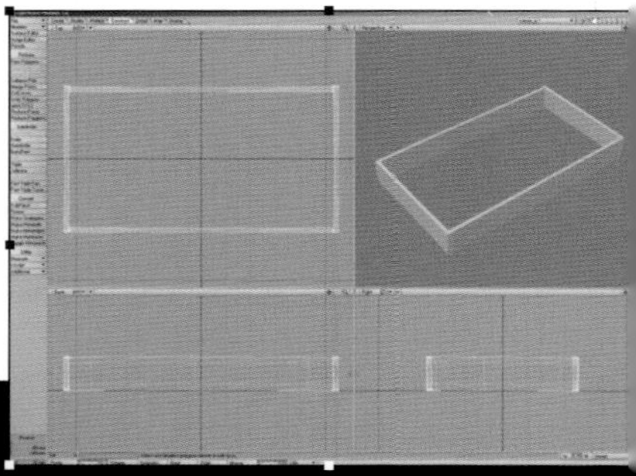

Les subpatchs : (*il s'agit du nom donné* **aux subdivisions de surfaces dans LightWave.**

Des subdivisions sont ensuite ajoutées très proches de chaque arête au moyen de l'outil Knife, de sorte que la planche garde sa forme anguleuse, une fois lissée, grâce aux subpatchs, tout en présentant des bords légèrement émoussés.

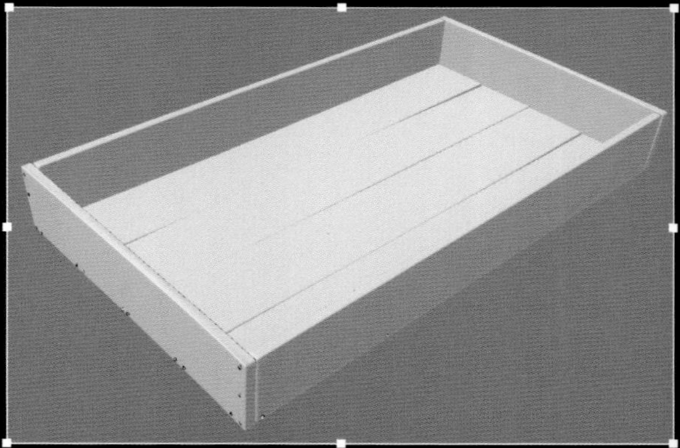

Cette planche va maintenant être décl née en variantes de différentes taille qui, une fois assemblées, formeront le plans latéraux de la caisse. De légers de fauts sont également introduits su chaque pièce, afin que chaque planch soit unique. Le fond est créé à partir de mêmes éléments, eux aussi légèremer déformés, puis des clous sont ajoutés l'assemblage final.

Étape 3

Avant

Après

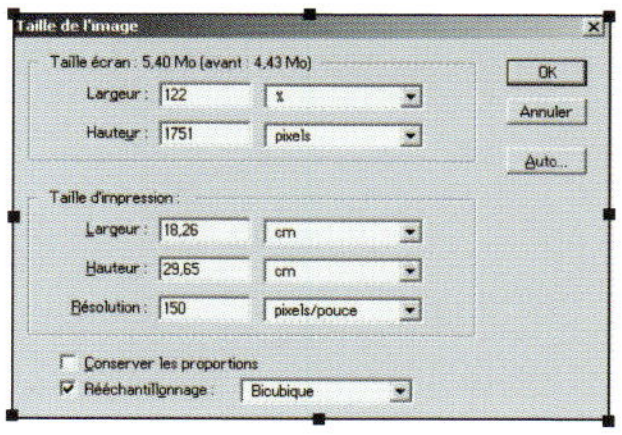

L'élément suivant à modéliser sera la lampe à pétrole. L'objet réel est posé directement sur la vitre du scanner, ce qui permet d'obtenir rapidement un plan de l'objet. Cependant, en mesurant l'image scannée et l'objet réel, on constate que le scan est beaucoup plus étroit : c'est une déformation normale, due au scanner, mais qui n'est pas gênante si l'on se sert uniquement du profil de l'objet, dont tous les points sont à égale distance de la vitre du scanner.

Une fois le pourcentage d'élargissement nécessaire déterminé (en mesurant l'objet réel et le scan), un redimensionnement dans Photoshop permet à la lampe de retrouver ses proportions originales.

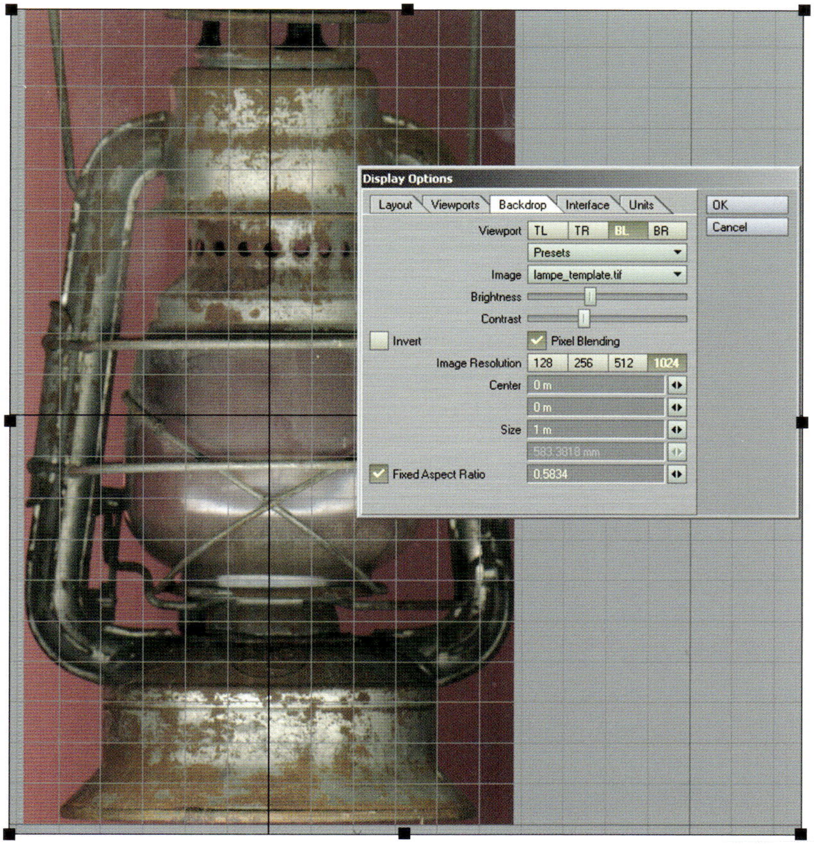

Après recadrage, l'image est prête pour être affichée dans le modeleur, où l'on ajustera son contraste et sa luminosité pour une meilleure lisibilité du maillage.

Étape 4

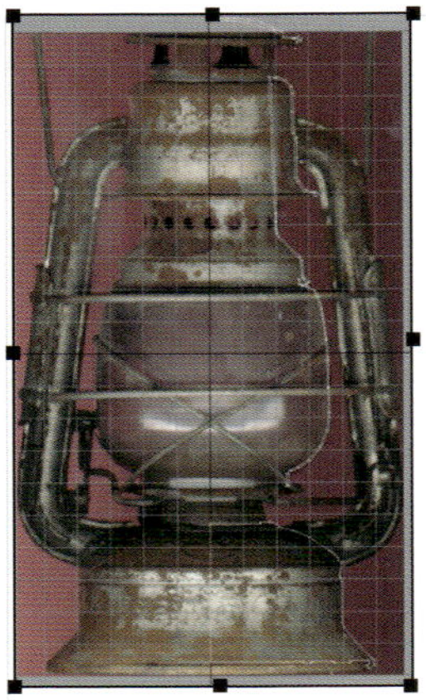

Création des formes générales

On commence par dessiner les profils avec l'outil Pen, en resserrant les points lorsqu'un angle se présente (la forme sera lissée ensuite grâce aux subpatchs, il faut donc éviter d'ajouter trop de points).

Une surface de révolution est créée grâce à l'outil Lathe utilisé sur le profil. Il arrive souvent que certaines normales soient inversées : il suffit de les réorienter avec la commande Flip. Il ne reste plus qu'à activer le mode Subpatch pour voir le résultat lissé. Si les points ont été mal placés sur le profil 2D, le plus simple est de revenir quelques étapes en arrière pour les corriger.

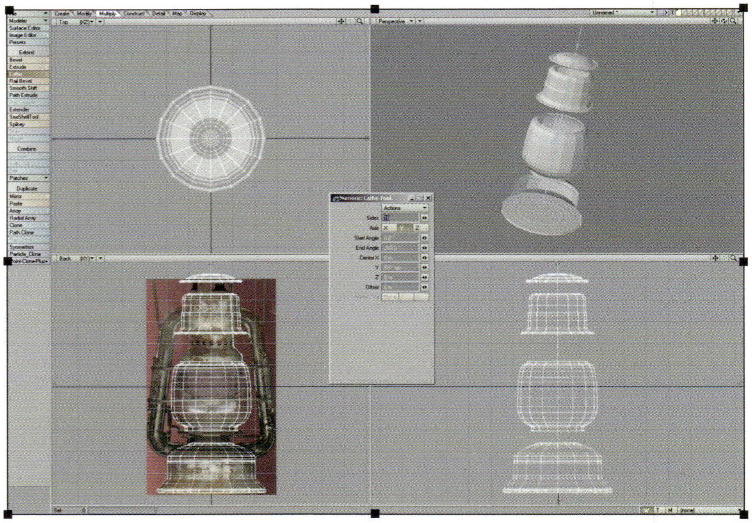

Cette (méthode est applicable dans de nombreux cas de formes circulaires complexes.

Éléments cylindriques complexes

La forme suivante est plus complexe, car elle est percée d'une multitude de petits trous, ce qui rend l'outil Lathe inapplicable (en fait, on pourrait l'utiliser, puis percer les trous ensuite avec une opération booléenne, mais le résultat créerait des polygones à plus de quatre côtés, incompatibles avec le mode Subpatch). La première chose à faire est de déplacer le profil sur un nouveau calque, ce qui permettra de travailler indépendamment des formes déjà créées.

La solution est de modéliser l'élément à plat, sans épaisseur, puis de le courber avec l'outil Bend. Cette méthode est applicable dans de nombreux cas de formes circulaires complexes, telles que des pneus. Il faut d'abord extruder le profil (outil Extrude) sur une distance égale à celle qui sépare le centre de deux trous, avec une subdivision de deux segments, puis le percer avec un disque à huit côtés, et enfin reconstruire la zone en utilisant uniquement des polygones à quatre côtés.

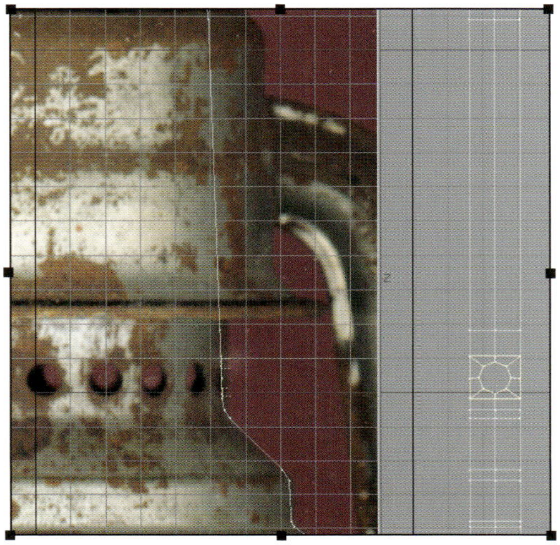

Étape 4

Multiplication de l'élément

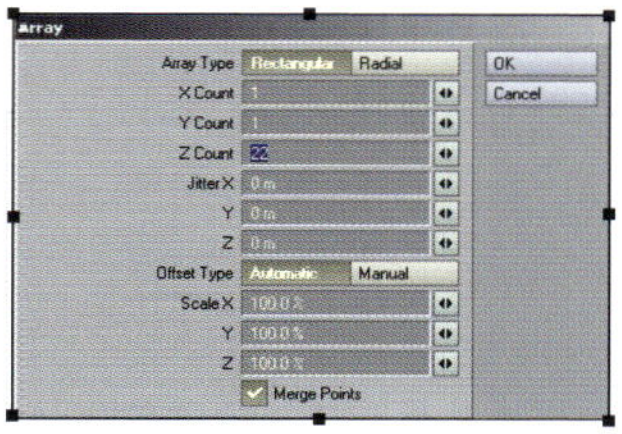

Il faut ensuite répéter cette bande en fonction du nombre de trous, avec l'outil Array, puis courber l'ensemble sur 360° avec l'outil Bend. Après avoir recentré le résultat, il ne reste plus qu'à ajouter une épaisseur : pour cela, j'inverse les faces avec l'outil Flip, je les copie (Copy), les inverse à nouveau, j'applique un Smooth shift de 2 mm avec un angle de 160°, colle (Paste) les faces précédemment copiées, et applique un Merge en mode Automatic pour fusionner l'ensemble. La forme obtenue peut être déplacée vers le calque contenant les autres formes.

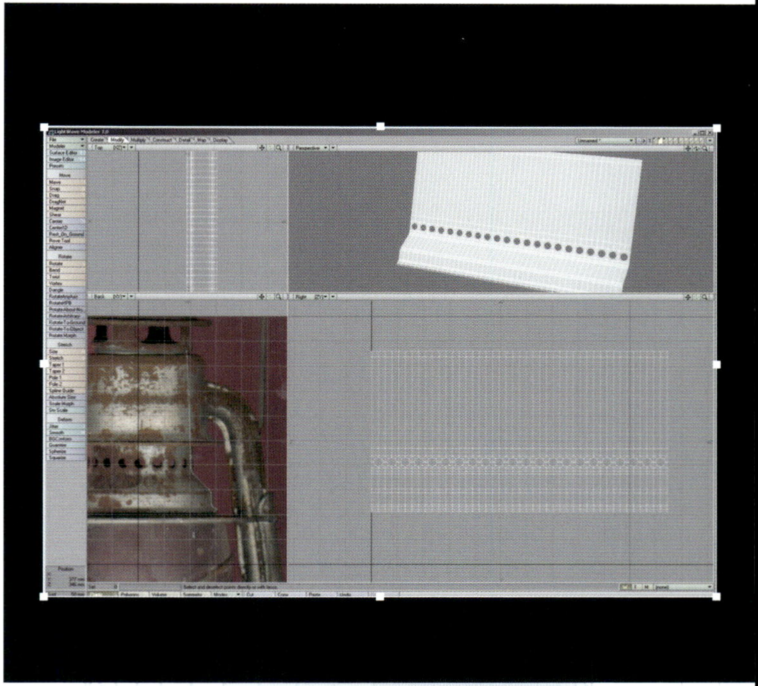

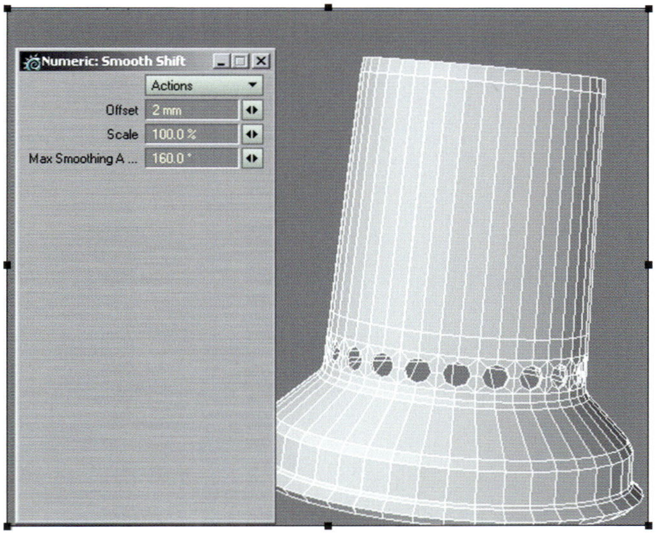

Après le passage en mode Subpatch

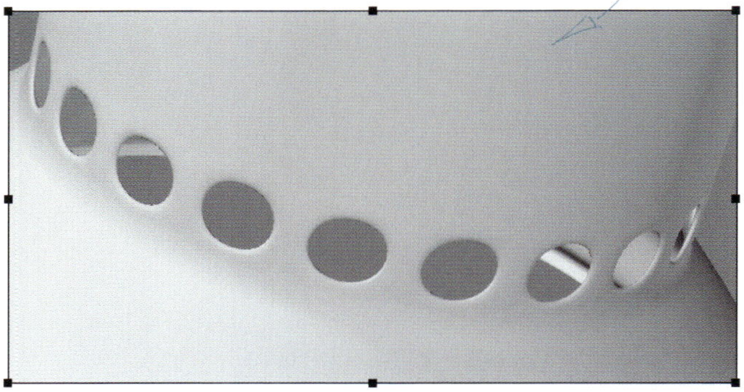

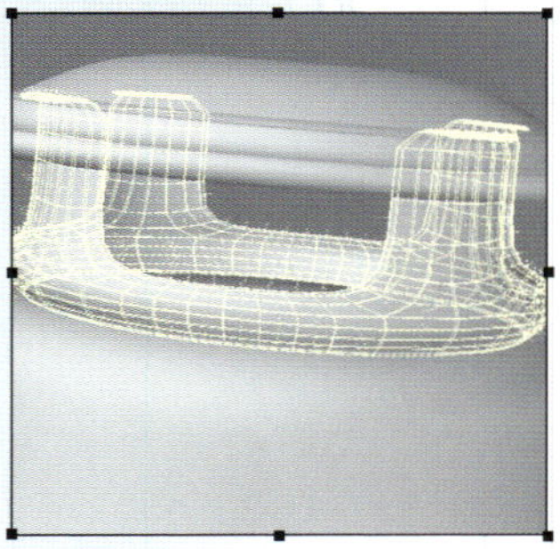

Le chapeau de la lampe est construit selon le même principe, dessiné à plat sans épaisseur, puis courbé et épaissi.

Étape 5

Création des anses

La construction des anses passe aussi par la création d'un profil 2D.

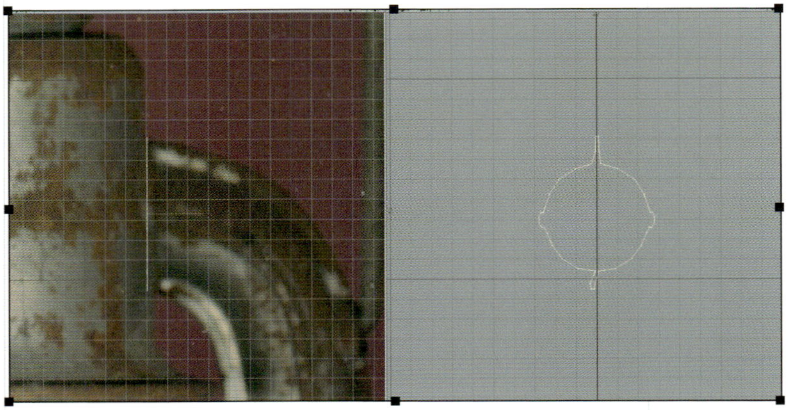

Il faut ensuite sélectionner la face, appliquer un Smooth shift de valeur 0 (il suffit simplement de cliquer avec le bouton droit après avoir activé l'outil), puis déplacer le nouveau segment avec les outils Move et Rotate.

Une fois le segment correctement placé, je répète l'opération le long de l'anse, en utilisant les fonctions Smooth shift, Move, Rotate et Stretch.

Le dernier segment étant créé, (j'efface *le polygone sélectionné.*

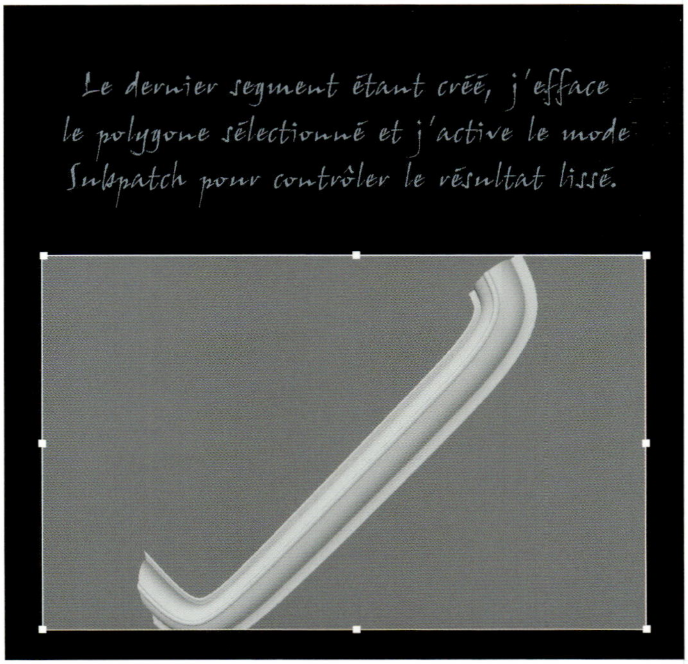

Étape 5

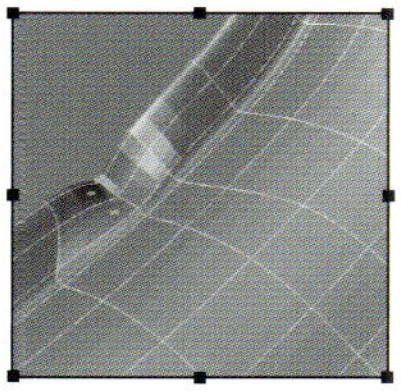

Ajout des détails

Des sections sont ajoutées avec l'outil Knife, puis les points ainsi créés sont tirés pour imiter le métal embouti. Le travail en Subpatch reproduit particulièrement bien ces effets.

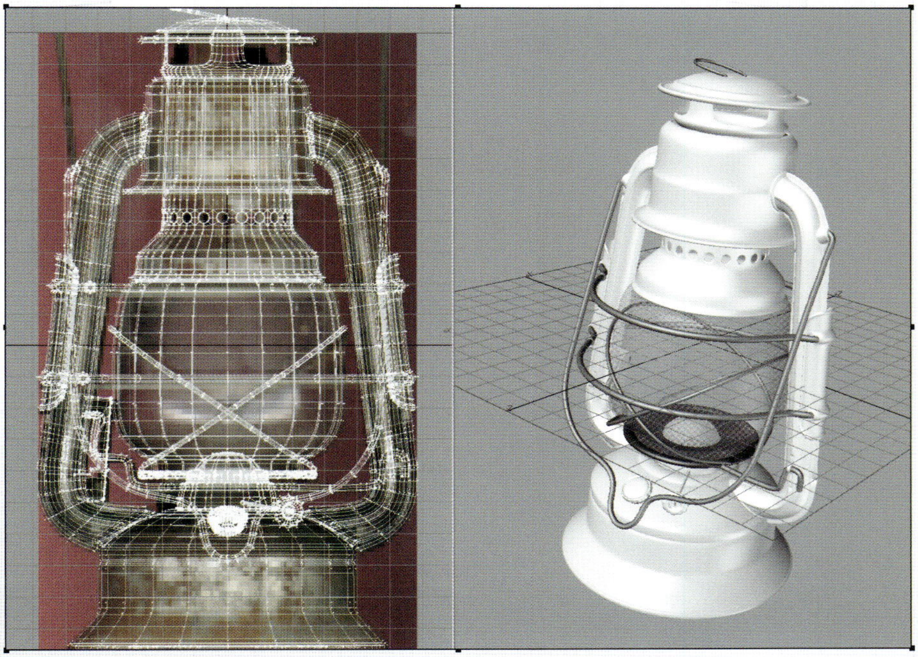

Les détails de fil de fer sont créés de la même manière que la forme générale des anses, en utilisant un disque à huit côtés, extrudé section par section avec l'outil Smooth shift. Généralement, je préfère utiliser cette méthode à la place de l'outil Rail extrude, car elle permet un meilleur contrôle sur le maillage final. Une fois converties en Subpatch, on obtient des formes parfaitement lisses.

Les mêmes techniques sont utilisées pour la majorité des objets de l'image, à l'exception des crevettes et de la limande, qui demandent surtout de nombreuses manipulations au niveau de la maille, car il faut transformer une forme de base simple en objet complexe. Ces transformations se font à l'aide des outils Smooth shift, Drag, Move, Rotate, etc.

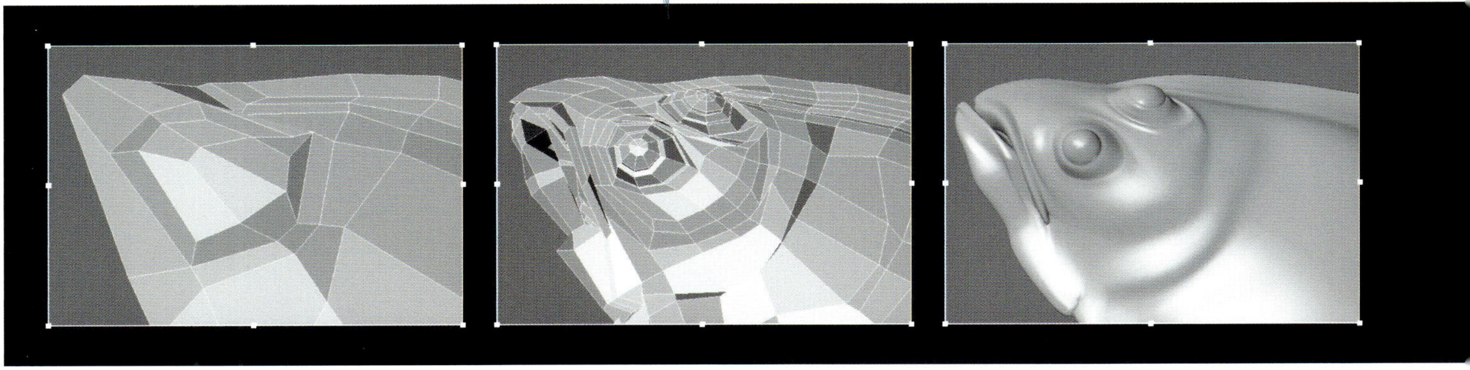

Étape 6

Création des textures

Je disposais pour la limande d'une photographie éclairée inégalement, et il fallait extraire une texture de transparence pour un bon rendu des nageoires.

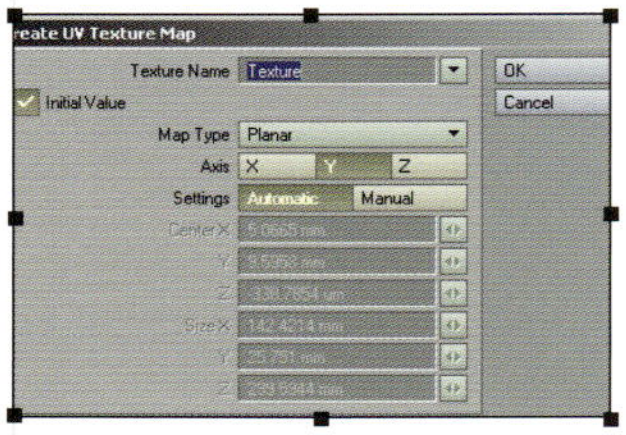

J'ai d'abord ajusté le placement de la texture dans le modeleur, en créant une UV map en mode Planar, puis j'ai déplacé les points grâce à l'outil Magnet pour faire correspondre le fil de fer avec l'image.

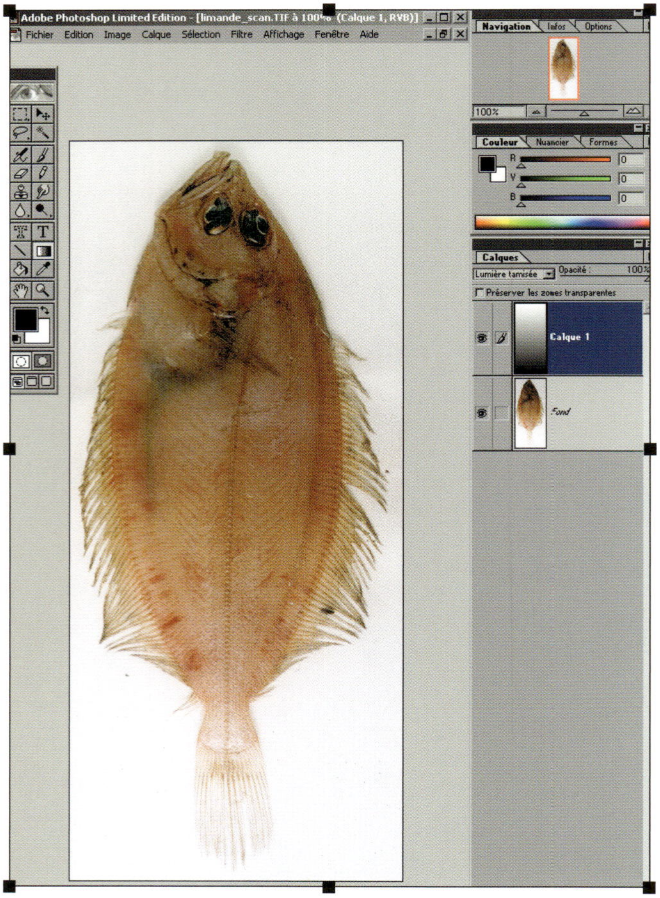

J'ai ensuite corrigé (*l'éclairage de la photo dans* Photoshop.

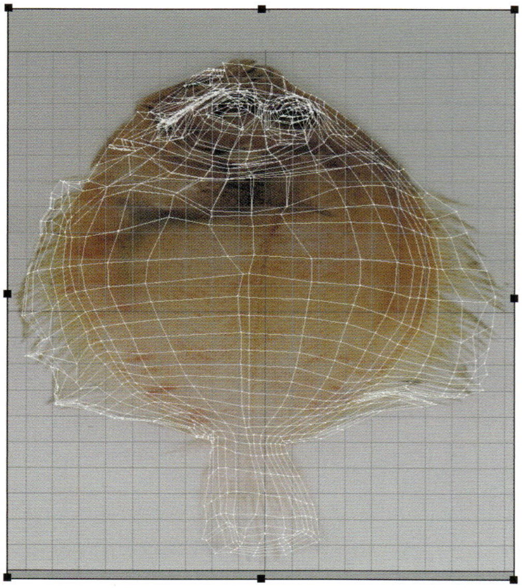

J'ai ensuite corrigé l'éclairage de la photo dans Photoshop, en appliquant sur un second calque un dégradé noir et blanc vertical, appliqué en mode lumière tamisée. Après avoir sauvegardé l'image sous un nouveau nom, j'ai cloné la peau du poisson sur le tour de l'image, à l'aide de l'outil Tampon, pour éviter que des zones blanches ne se retrouvent accidentellement projetées sur le modèle (l'UV map étant imparfaite, cela risquait de se produire). L'image est ensuite désaturée et éclaircie.

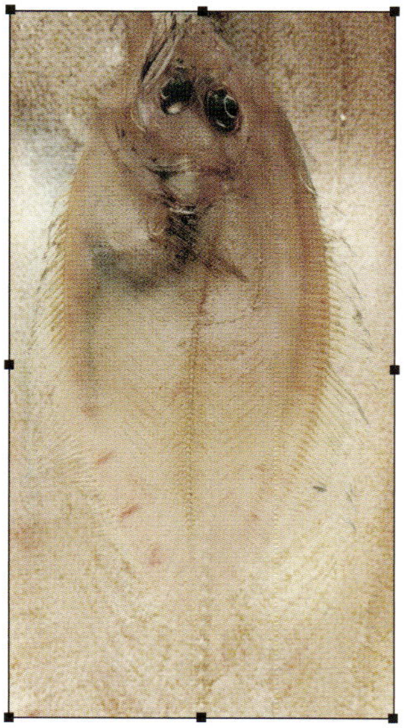

Étape 6

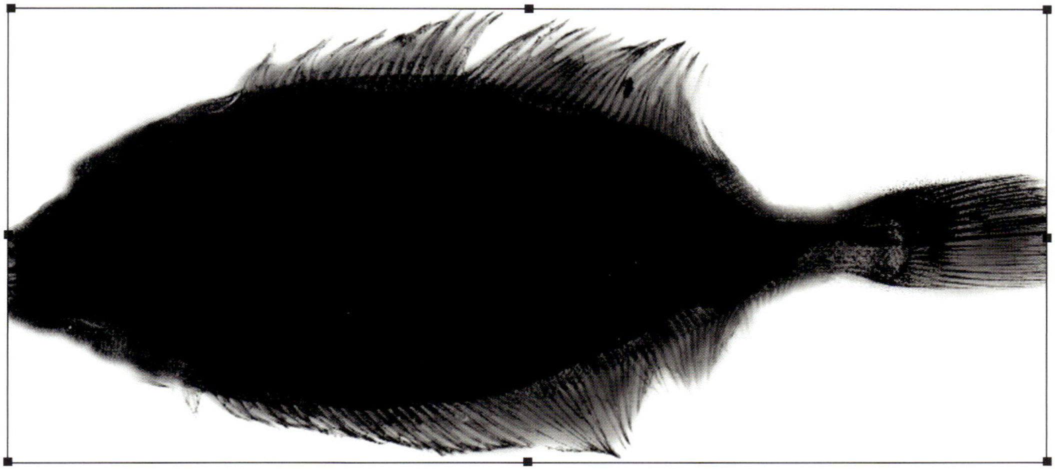

L'ancien fichier est repris pour créer la texture de transparence. Il faut convertir l'image en niveaux de gris, les informations de couleur étant inutiles.
J'applique ensuite un réglage de niveaux, de façon à bien faire ressortir la silhouette du poisson.
Une fois cette opération terminée, il faut obtenir un noir parfait sur le corps du poisson, et un fond blanc uni. J'utilise l'outil Aérographe pour remplir les zones imparfaites.
De retour dans le Layout, j'applique ces deux images sur le modèle 3D (chargé dans une scène vierge), dans les canaux Color et Transparency. Un premier rendu montre une texture un peu plate, comme peinte sur l'objet. Après ajout des mêmes images dans les canaux Bump, Specular et Reflection, on obtient un rendu plus réaliste.

Les autres objets sont texturés suivant les mêmes principes, en partant généralement de photographies, retouchés dans Photoshop pour s'adapter aux objets. Dans de nombreux cas, il faut éliminer l'ombrage et les reflets de la photographie originale, ces effets étant recréés dans LightWave au moment du rendu.

Les UV maps sont des informations associées à l'objet 3D, qui font correspondre à chaque point du maillage une position sur une image 2D, ce qui permet de définir avec beaucoup de contrôle le placement d'une texture. C'est une méthode plus puissante que les projections classiques, mais qui demande généralement plus de travail. À utiliser donc que si c'est indispensable !

Rendu plus réaliste

Étape 7

Éclairage de la scène

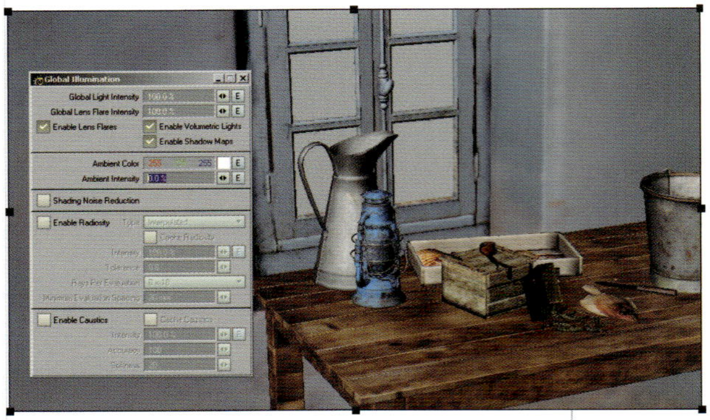

En premier lieu, il faut ouvrir le panneau Global illumination pour régler le paramètre Ambiant intensity à 0.

Il faut ensuite définir l'éclairage principal, incarné ici par une Area light placée derrière la fenêtre. Son intensité est réglée à 120 %, et elle est légèrement teintée de jaune.

Il est important pour travailler vite de régler la qualité de l'ombre à une valeur basse, et de désactiver l'antialiasing pour les rendus de test. Un premier rendu est lancé avec cette première source lumineuse.

Le résultat est très granuleux, mais suffisant pour juger l'angle et l'intensité de l'éclairage. J'ajoute une deuxième Area light d'intensité 50 %, légèrement bleutée, sur le côté gauche de la table, en hauteur et plongeant à 45°, afin de « déboucher » les objets sans aplatir leurs formes.

Un deuxième rendu test montre le résultat, encore bouché et trop contrasté.

Étape 7

Il reste maintenant à paramétrer le rendu final : je règle la résolution de la caméra sur 640 x 480, l'antialiasing sur Ehanced low, le Motion blur à Medium (ce qui permet d'améliorer la qualité de la radiosité, en forçant LightWave à recalculer la solution à chaque passe), puis je lance le rendu.
S'il est satisfaisant, je le relance, cette fois en 2560 x 1920, avec une sortie couleur et alpha séparées, ce qui permettra d'ajouter un fond dans Photoshop.

Il serait possible de compléter l'éclairage en rajoutant quelques lampes pour adoucir l'image, mais j'ai choisi d'utiliser la fonction de radiosité pour obtenir ce résultat. Pour cela, j'active les paramètres Radiosity avec une qualité peu précise, et je règle la luminosité du mur opposé à la scène sur 100 %, ce qui remplace avantageusement le paramètre Ambiant intensity, avec beaucoup plus de réalisme.

Le rendu final est « composité » avec une photo de maison de pêcheur, volontairement surexposée pour bien restituer la différence de luminosité entre l'extérieur et l'intérieur. Un léger halo est enfin ajouté à l'image pour faire briller les hautes lumières.

Le rendu final est (« composité » **avec une photo** *de maison de pêcheur.*

Un troisième rendu le confirme, la scène est maintenant baignée par une lumière du jour très naturelle.

Rendu final

Après de nombreuses heures, la scène est achevée. Elle doit maintenant évoquer uniquement le thème abordé, les procédés techniques utilisés devant idéalement rester invisibles à l'observateur.
Au-delà de la maîtrise de l'outil, il ne faut pas perdre de vue que l'essentiel pour réussir ce type d'image réside dans la qualité de la composition et la sensibilité de l'éclairage...

atelier 05

OLIVIER **FFRENCH**

Matériel utilisé

- Scanner Agfa SnapScan
- Tablette graphique Intuos A5
- Compatible PC - Athlon 700
  512 Mo de mémoire vive
  Carte graphique GeForce 256

Le Petit Peuple

Logiciels utilisés

- Bryce 5
- Amapi 6
- Photoshop 6

Préparation du paysage   Réalisation des personnages   Image finale

Cette image est tout d'abord le fruit d'expérimentations sous Bryce. Je souhaitais au départ obtenir un sous-bois à peu près réaliste et j'ai donc fait des essais pour chacun des éléments qui y sont intégrés. Pour les personnages, que j'ai ajoutés par la suite, mon inspiration vient principalement de deux livres : *A field Guide to Irish Fairies*, ouvrage extrêmement utile car il répertorie les créatures féeriques qui abondent en Irlande et permet de distinguer du premier coup une *banshee* d'un *leprechaun* (toute confusion entre les deux pouvant avoir une issue désagréable), et *Le Cycle de Lyonesse*, passionnante série de romans de Jack Vance où interviennent également gobelins, fées, trolls et *changelings*.

(Cette image **m'a été inspirée** *par les créatures féeriques d'Irlande.*

Étape 1

Le sol

Le sol est créé avec Bryce, en ajoutant un terrain dans la scène. On part du terrain par défaut, puis on l'édite (Ctrl/Pomme+E) pour le mettre en forme. En général, il vaut mieux repartir de zéro dans l'éditeur et peindre les reliefs avec les brosses et quelques effets. Attention de prendre une résolution suffisante pour les terrains du premier plan : ici, j'ai choisi une grille de 512 x 512 pixels et j'ai mis des reliefs assez doux.

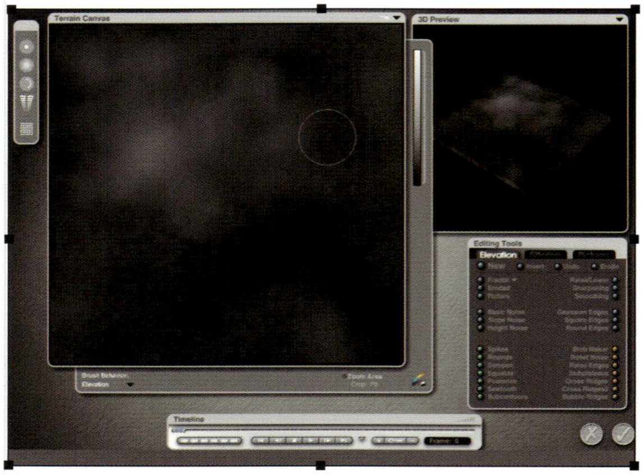

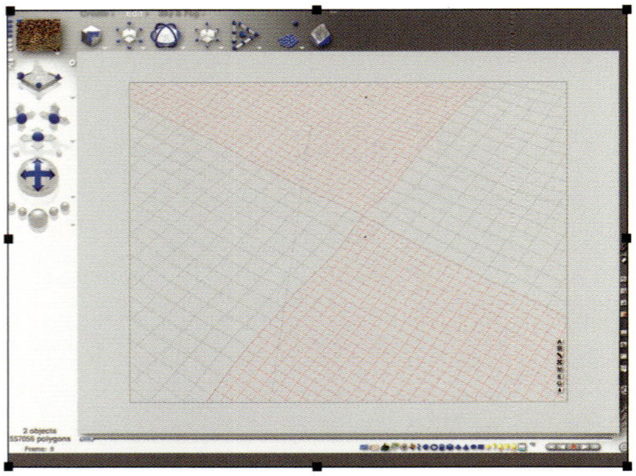

Le terrain ne couvre pas toute la scène et on va donc lui en adjoindre trois autres, de plus faibles résolutions. Ces autres terrains sont des duplicatas du premier, mais les images qui les composent sont inversées sous Photoshop pour que le tout soit bien jointif. On peut facilement récupérer et modifier les images bitmap qui définissent les terrains en faisant un simple Ctrl+C sous Windows (ou Pomme+C sur Macintosh) à partir de l'éditeur de terrains et en collant l'image sous Photoshop. Dans l'éditeur, on repasse la grille des nouveaux terrains à 128 x 128 pixels.

Pour réaliser l'humus, (**j'ai créé** une matière spéciale,
mélange d'une texture bitmap et d'une texture procédurale.

Pour réaliser l'humus qui couvre le sol du sous-bois, j'ai créé une matière spéciale, un mélange d'une texture bitmap (les feuilles) et d'une texture procédurale (la terre). Une troisième texture, basée sur l'altitude, sert à gérer le mélange. Au final, les feuilles apparaissent dans les zones hautes du terrain et la terre dans les zones basses. On pourra ensuite modifier la fusion entre les deux textures en jouant sur la fréquence de la texture de mélange. On peut faire des rendus d'essai uniquement avec cette dernière pour mieux se rendre compte du résultat. ■

Bryce a le gros avantage de permettre de faire des terrains avec un nombre important de polygones tout en gardant sa fluidité d'affichage et une taille de fichier raisonnable. Rien qu'avec ces quatre terrains, la scène comporte déjà plus de 600 000 polygones !

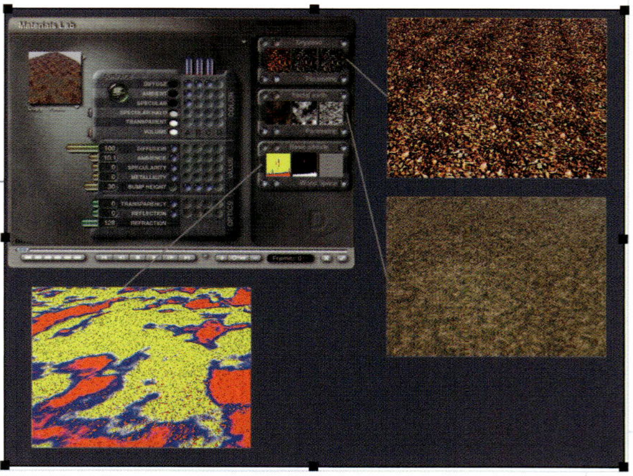

Étape 2

L'arbre et les rochers

Bien que Bryce 5 propose des arbres, il est parfois préférable de les faire soi-même, surtout pour les vues de près. J'ai donc choisi ici de modéliser l'arbre sous Amapi. On part d'une courbe fermée qui est extrudée vers le bas. Les racines sont aussi extrudées à partir de la partie basse du tronc. Pour avoir plus de détails, il faut lisser le tronc une première fois, déplacer certains vertex pour casser sa régularité, puis faire un dernier lissage.

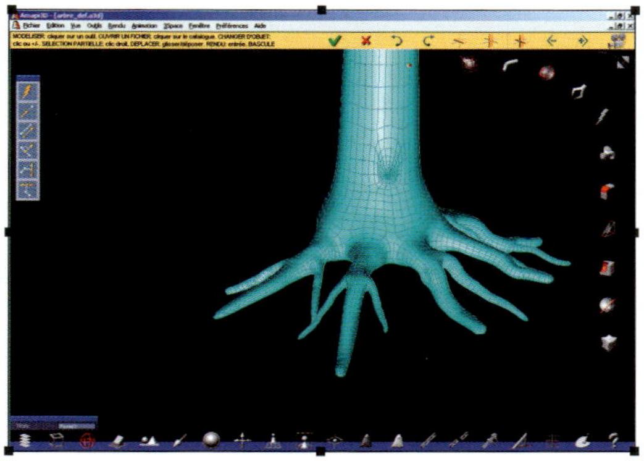

Modélisation de l'arbre sous Amapi

Pour la modélisation des rochers, Bryce peut en générer aléatoirement, mais ils sont très anguleux. Je les ai donc lissés sous Amapi. Pour cela, il faut les importer dans le logiciel, réduire le nombre de faces avec l'outil Décimation, procéder à un lissage de Bézier et réduire à nouveau le nombre de leurs faces. Le résultat final est plus lisse et plus réaliste qu'avec les rochers d'origine.

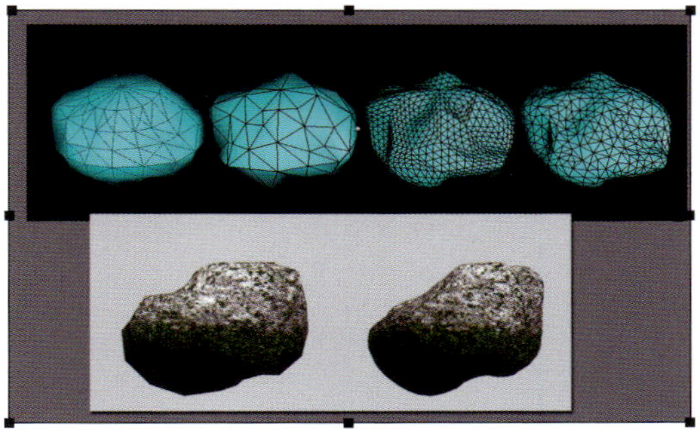

Des rochers plus réalistes

On place ensuite avec précision l'arbre et les rochers dans la scène grâce à la prévisualisation OpenGL de Bryce. Les nouveaux objets reçoivent des matières faites d'un mélange d'une texture bitmap (écorce, roche) et d'une procédurale. Le mélange est assuré par une troisième texture basée sur l'altitude pour les rochers, sur l'altitude et l'orientation pour l'arbre. Pour ce dernier, il s'agit de faire apparaître plus de mousse en bas et sur l'un de ses côtés.

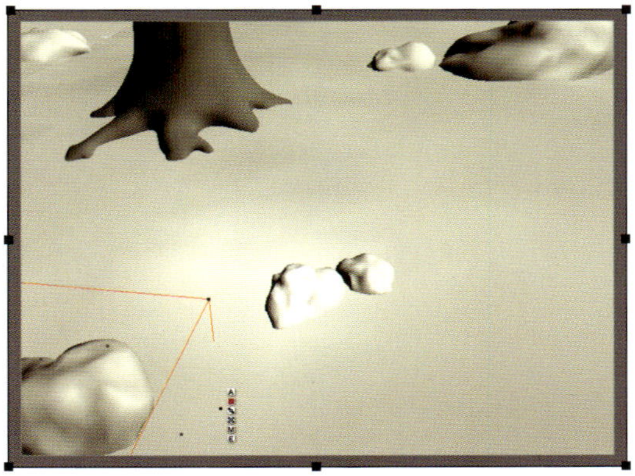

Prévisualisation OpenGL de Bryce

Contrairement à ce qu'on pourrait penser, on peut exporter des objets à partir de Bryce (tous les objets éditables). Pour exporter un rocher, il faut l'éditer (Ctrl/Pomme+E) et ensuite l'exporter (Ctrl/Pomme+D).

Étape 3

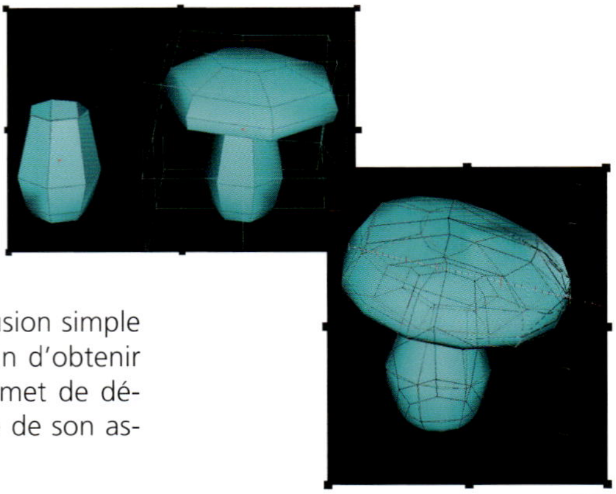

Les champignons

Les champignons sont modélisés sous Amapi. Ils sont réalisés grâce à une extrusion simple faite à partir d'une courbe fermée. La forme obtenue est ensuite déformée afin d'obtenir plusieurs modèles de champignons. Grâce à la géométrie dynamique, qui permet de déformer facilement un objet après l'avoir lissé, on peut se faire une idée précise de son aspect définitif, tout en continuant à travailler dessus.

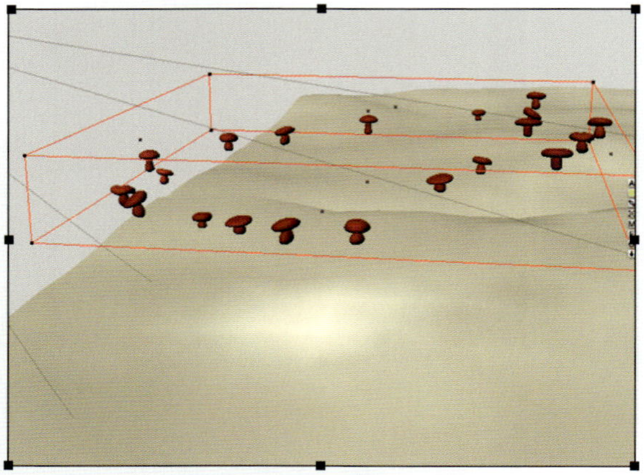

Placement des champignons

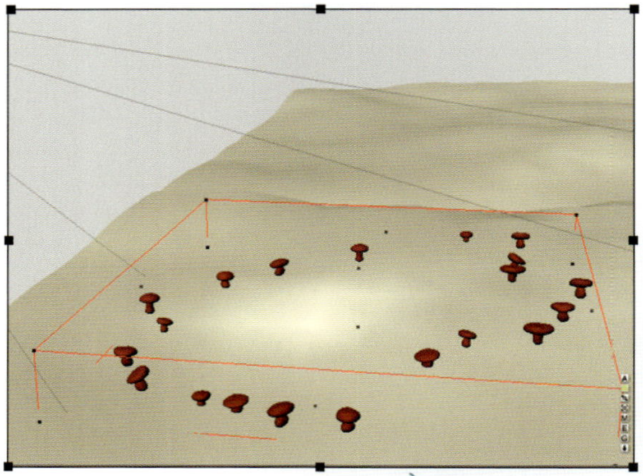

Positionnement des champignons sur le sol

Les fairy circles sont constitués de champignons formant un cercle irrégulier, un peu comme un cromlech. Curieusement, on les appelle « cercles de sorcières » en français. En Irlande, on pense qu'ils sont générés par les danses nocturnes des fées et qu'il ne vaut mieux pas trop s'y aventurer.

Les champignons sont ensuite exportés d'Amapi et importés sous Bryce. Dès qu'ils apparaissent dans la scène, on leur donne une couleur par défaut en les intégrant à une famille d'objets. Cela permettra de les sélectionner plus facilement par la suite. Les champignons sont alors disposés pour former un cercle de fées (*fairy circle*). Plutôt que de les placer sur le sol un par un, on utilisera la fonction Drop to ground (Poser l'objet) pour les faire atterrir sur le terrain et on les enfoncera ensuite légèrement dans le sol.

La texture des champignons est très simple. Il s'agit d'une texture procédurale fractale qui donne de légères variations de couleurs et de bosselage sur leur surface.

Étape 4

L'herbe

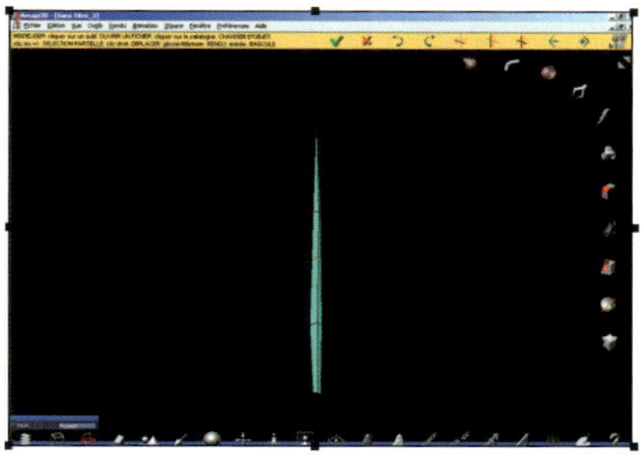

Sous Amapi, on part d'une simple plaque de six polygones, que l'on déforme progressivement pour obtenir la forme approximative d'un brin d'herbe. Les deux vertex du sommet sont soudés l'un à l'autre et ceux des bords déplacés de façon aléatoire. On « creuse » le centre en déplaçant légèrement les vertex du milieu. Le brin est ensuite copié quatre fois, et les clones sont modifiés pour qu'ils soient tous différents. Ils sont alors prêts à être repris sous Bryce. Quant à leur texture, elle est tout aussi simple que celle des champignons : il s'agit juste d'un dégradé de trois couleurs basé sur l'altitude.

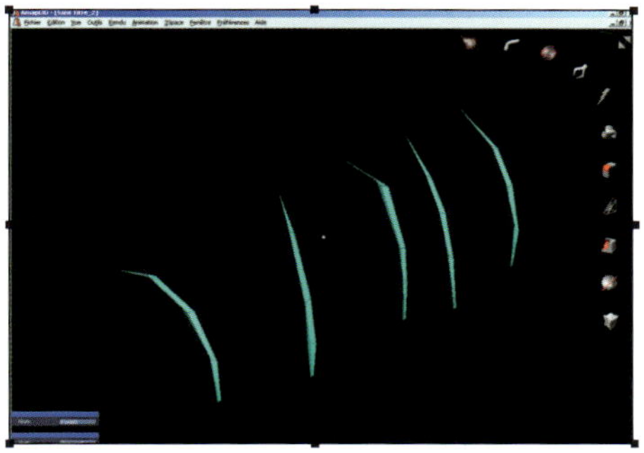

Placer les brins d'herbe sous Bryce est l'une des étapes les plus délicates de la réalisation de cette image. Pour obtenir des résultats corrects, il faut utiliser l'affichage OpenGL et faire preuve de patience ! Le principe est simple : mettre d'abord les brins à la bonne taille et les disposer au dessus du terrain, de façon à former une touffe, puis dupliquer cette touffe plusieurs fois et faire une dispersion (randomisation). Répartir ensuite des touffes d'herbe là où on en aura besoin, et les dégrouper. Dupliquer/répartir alors les brins autant de fois que nécessaire pour avoir assez d'herbe.

Placement des touffes d'herbe

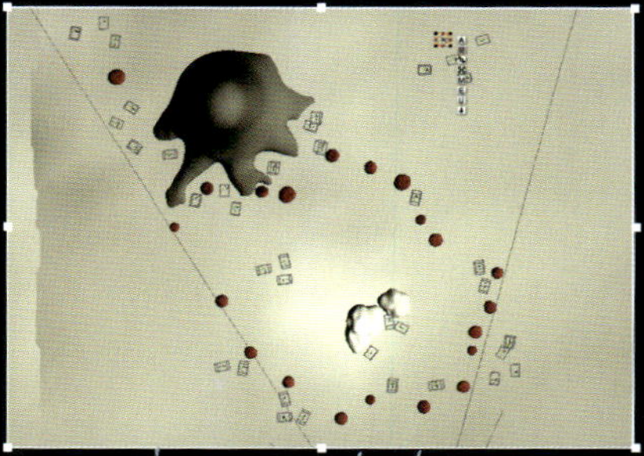

Dispersion des brins

Duplication des brins

Positionnement des brins sur le sol

Au final, (1070 brins d'herbe **ont été placés dans la scène.**

Utiliser la rotation et la randomisation pour avoir une répartition moins uniforme. Une fois qu'on a le nombre de brins d'herbe voulu dans la scène, les poser sur le sol avec la fonction Drop to ground. Attention de les sélectionner par petits groupes pour cela. Enfoncer enfin légèrement les brins dans le sol et vérifier qu'il n'y en a pas sur les champignons ou sur les rochers. Il vaut mieux avoir affecté une famille spécifique à l'herbe avant de commencer cette étape ! ■

Étape 5

La végétation

On commence par collecter des sources pour les matériaux, autrement dit par ramasser des plantes ! J'ai ainsi récupéré des fougères et de petites plantes qui ont été scannées et retravaillées sous Photoshop pour obtenir une texture de couleur, une texture d'opacité définie par les bords des feuilles et une texture de *bump*. Pour que les feuilles ne soient pas trop similaires, il faut en faire plusieurs déclinaisons.

> Le plus long dans cette étape est le détourage des feuilles qui nécessite de la patience et une utilisation intensive de la baguette magique de Photoshop.

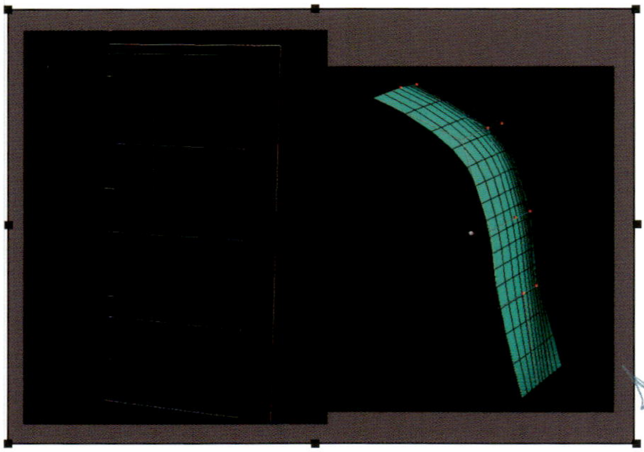

Les feuilles sont ensuite créées avec Amapi. Seules leurs formes générales sont définies, toute leur apparence découlant en fait de la texture. Pour les créer, passer en mode Nurbs (Ctrl/Pomme+B) et faire des patchs de 3 éléments de largeur sur 4 de hauteur. Ces patchs seront déformés pour obtenir la forme générale d'une feuille.

Attention, les formes biscornues poseront des problèmes de mapping sous Bryce. Pour plus de variété, 4 patchs différents ont été créés.

Une fois (les plantes terminées, **elles sont enregistrées** *en tant qu'objets Preset et placées dans la scène.*

Les patchs sont alors récupérés sous Bryce dans une nouvelle scène et dupliqués. Les textures leur sont attribuées de façon à créer plusieurs feuilles différentes sur un même patch de départ. Avec 4 textures et 4 patchs, on obtient un certain nombre de combinaisons différentes. Le mapping choisi pour les textures sera Object top. Ne pas oublier de sélectionner Blend transparency dans les options de matériaux pour une meilleure transparence des bords des feuilles.
On peut enfin rassembler les feuilles pour former les plantes. Des rendus de test en vue de dessus seront nécessaires pour que les tiges soient à peu près jointives. Attention à leur donner une inclinaison différente ! ■

Étape 6

La petite fée

La fée est un personnage issu de Poser qui a été téléchargé sur un site Web spécialisé dans les *fairies* et autres farfadets. Mais il va falloir la modifier pour l'utiliser.
Le miroir et les ailes sont deux objets assez simples à concevoir. Le miroir est constitué de surfaces simples extrudées et reliées entre elles avec l'outil Souder d'Amapi. Il a ensuite été un peu tordu et sa surface a été rendue légèrement irrégulière et lissée. Pour les ailes, leur forme a été dessinée en vue de dessus à l'aide de deux courbes, reliées ensuite l'une à l'autre par des polygones. L'attache des ailes est réalisée en récupérant la courbe qui forme l'extérieur, puis en lui donnant de l'épaisseur.

Le miroir est ensuite importé sous Poser pour mettre le personnage en position. La position définie sous Poser est approximative et il faudra la tester sous Bryce pour voir si elle convient avant d'intégrer définitivement la fée dans la scène. L'export est fait au format .obj pour conserver les coordonnées de texture. Tous les éléments sont inclus, sauf le sol.

Le personnage est exporté une seconde fois sans ses accessoires, afin de faire une *template* de peinture. Créée à l'aide d'un logiciel freeware appelé UVMapper, celle-ci consiste en une image du maillage qui sera superposée à la texture originale, afin de régler quelques petits problèmes d'alignement parfois rencontrés avec les personnages Poser. Dans le cas de la petite fée, cela va notamment permettre de repérer exactement le contour des cils, en vue de leur donner une transparence.

Trois textures sont utilisées pour la petite fée : couleur, bump et transparence.

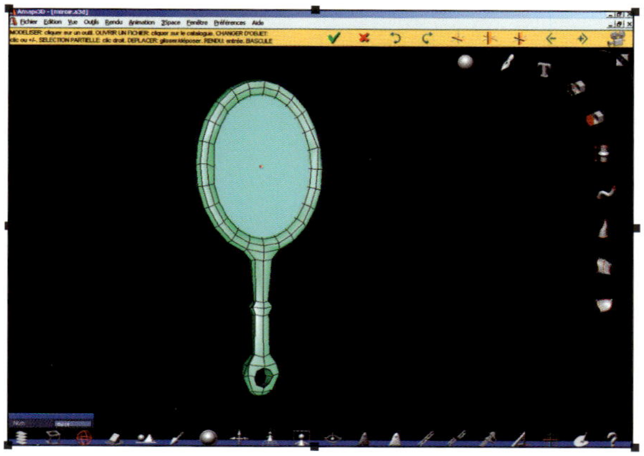

Le bump est très simple : il ne concerne que quelques détails (cils, lèvres) et le grain de la peau. La transparence est utilisée uniquement pour les cils.

Les cheveux reçoivent une texture d'opacité spéciale dessinée à la main sous Photoshop et leur couleur est modifiée par une légère spécularité qui leur donne des reflets dorés. La texture du miroir est un simple bitmap (écorce), celle de la couronne une texture procédurale simple (mélange de trois couleurs). Les ailes, rajoutées sous Bryce, ont une texture transparente, qui imite celle des ailes d'une libellule.

Une fois la fée assise sur le rocher sous Bryce, des rendus de test sont faits pour vérifier que tout va bien. J'ai ajouté une lumière juste devant son visage pour réduire les ombres dues à la position de sa main.

Étape 7

Le gobelin

Le gobelin est plus simple à réaliser que la fée car il nécessite moins de modifications et d'accessoires. Il s'agit d'un modèle gratuit livré sans texture trouvé sur le site www.daz3d.com et… livré nu ! Il a donc fallu créer la texture en partant de zéro. Après avoir un peu hésité, j'ai donné au gobelin une attitude agressive, toutes griffes dehors. Il a ensuite été exporté de Poser avec des paramètres similaires à ceux utilisés pour la fée.

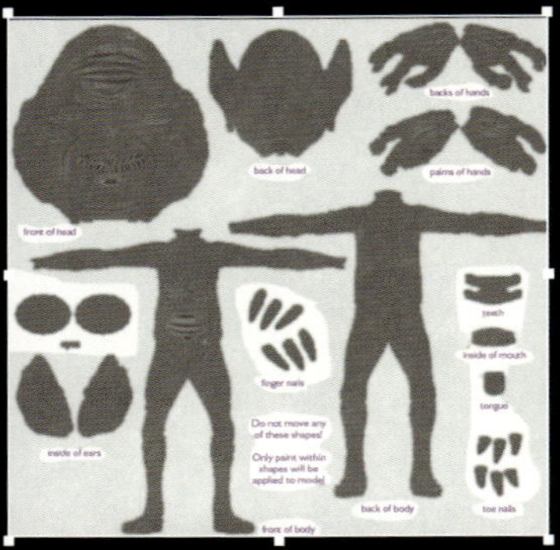

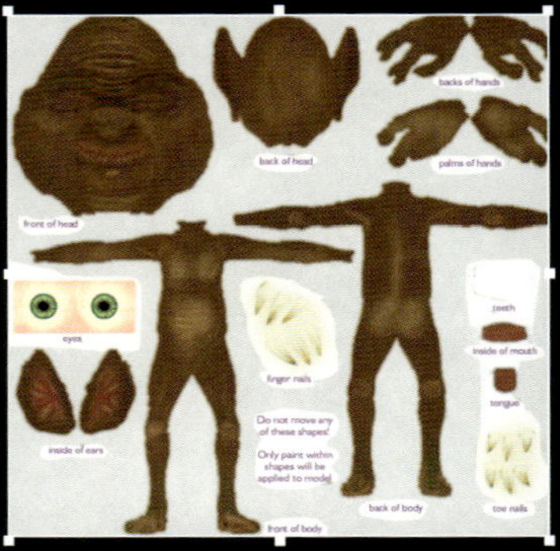

La template de peinture était fournie avec le modèle gratuit. La *bump map* est réalisée en premier en utilisant les repères de cette template. Sur une base grise, on trace les rides, boutons, pustules, gerçures, veinules et craquelures des lèvres. Les bords de toutes les zones creuses (les rides, notamment) ont une épaisseur pour accentuer cet effet de relief. La bump map reçoit enfin une texture de cuir en surimpression.

La couleur des parties du corps est obtenue en se basant sur la bump map pour que les deux correspondent parfaitement. Ainsi, les veinules bleutées du nez et les boutons sont en relief. Des détails comme la teinte de l'intérieur des oreilles ou les yeux ont été ajoutés. Enfin, la texture de cuir déjà appliquée à la bump map est surimposée pour que les ridules et crevasses irrégulières soient aussi présentes sur la couleur de la peau.

Le gobelin est dans le fond, donc la majorité de ses petits détails de texture ne sont pas visibles dans la scène finale. Je les ai quand même ajoutés car je comptais me resservir de ce personnage.

Après avoir un peu hésité, (j'ai donné au gobelin *une attitude agressive.*

Le gobelin est placé derrière la fée, en partie caché par l'arbre, mais dans l'alignement du miroir. De cette façon, on peut supposer qu'elle voit son reflet (je n'ai pas été vérifier !). ■

Étape 8

Derniers réglages et rendus

La scène est presque terminée, mais il reste encore quelques détails à régler. Il faut notamment donner l'illusion que la scène se passe dans un sous-bois, alors qu'elle était jusqu'ici éclairée comme en plein jour.

Le ciel n'a pas trop d'importance, puisqu'il ne sera pas visible dans la scène. Néanmoins, il faut ajuster les ombres (couleur et densité) et la teinte du Sky dome, car ces paramètres influent sur le rendu de la scène. Ainsi, des ombres trop claires « surexposent » les ailes de la petite fée. La couleur du soleil est un jaune très pâle qui n'aura que peu d'influence sur la scène, tandis que la brume est d'un jaune-vert de faible intensité.

Pour faire l'ombre du sous-bois, on dessine un amas de feuilles qui sera ensuite traité avec un flou gaussien sous Photoshop. De retour sous Bryce, on crée un plan infini au-dessus de la scène, puis l'image qu'on vient de créer lui est appliquée en tant que texture de transparence afin d'obtenir des ombres sur le sol. Il y a un trou dans la canopée qu'il faut placer au-dessus de la fée. Pour cela, on réalise des rendus de la scène en y remplaçant la fée par une sphère, ce qui permet de repérer les ombres avec précision. Avec la mise à jour automatique de la vue miniature (Nano preview), on peut visualiser quasiment en temps réel les déplacements de la zone d'ombre. Évidemment, il faut que le soleil soit dans sa position définitive, sinon toute cette étape sera à recommencer.

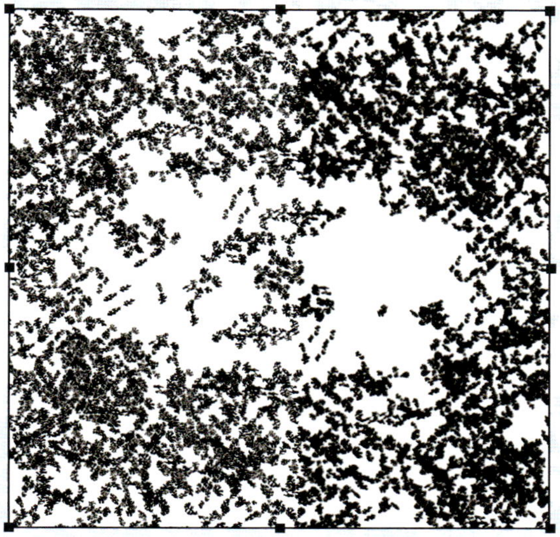

Pour cette scène, (je n'ai pas fait un seul rendu mais plusieurs, *car l'éclairage était assez difficile à maîtriser.*

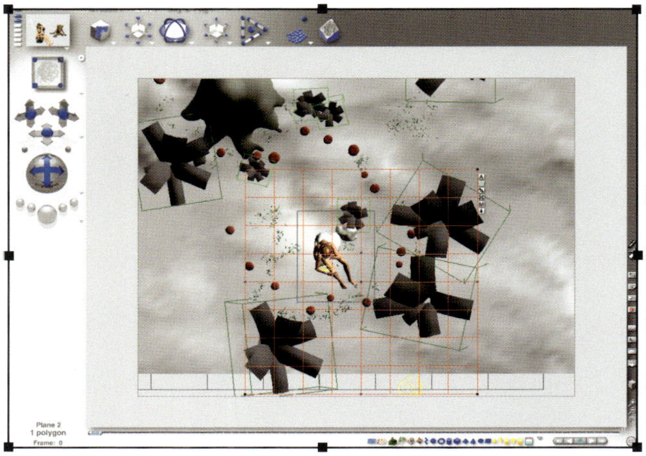

Entre un rendu assez doux et un rendu plus contrasté et plus proche d'une photo prise en sous-bois, il a fallu choisir. Et avec les temps de rendu de Bryce, ce genre de réglage était assez long ! Je n'ai pas choisi un rendu avec ombres douces (nouveauté de Bryce 5) pour ne pas immobiliser ma machine plusieurs jours. Les ombres trop dures ont donc fait l'objet d'une retouche sous Photoshop après rendu. Les ombres dures du visage de la fée ont été adoucies, les imperfections du modèle Poser (jointures des coudes notamment) effacées, l'ensemble de la scène légèrement éclairci. ■

Toutes les modifications après rendu ont été faites sous Photoshop sur des calques supplémentaires ou sur des calques de réglage pour plus de flexibilité.

If you see a faery ring
In a field of grass,
Very lightly step around,
Tip-toe as you pass,
Last night faeries frolicked there –
And they're sleeping somewhere near

If you see a tiny faery,
Lying fast asleep
Shut your eyes
And run away,
Do not stay to peek !
Do not tell
Or you'll break a faery spell

atelier 06

CHRISTOPHE **LUXEREAU**

Matériel utilisé
- Nikon 24 x 36
- Pellicule Fuji 100 ASA Provia
- G3 Mac

Logiciels utilisés
- Photoshop 6
- Illustrator 9
- Cinema 4D XL R.6
- Poser 3

L'avatar New-York

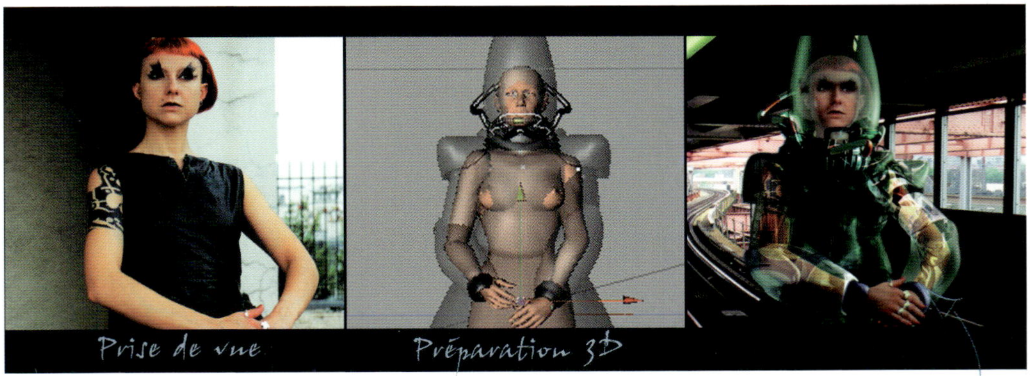

Prise de vue — Préparation 3D — Image finale

La série des avatars réalisée dans le cadre du festival Art-Outsiders pour la Maison Européenne de la photographie est une anticipation de notre condition d'humain face à la machine et aux réseaux. Une représentation de nous-même, schizophrénique, et qui met en perspective l'isolement de chacun des communicants dans son propre univers.

L'avatar new-yorkais évoque la surprotection contre les éventuels virus circulant sur le réseau. Je joue sur les transparences pour accentuer le côté irréel du personnage, j'en fais un être hybride et androgyne pour que chacun puisse se projeter plus facilement dans l'image et en faire un double de soi. J'évite toute surcharge dans le détail pour que l'idée soit toujours mise en avant sur la réalisation technique.

Les autres images réalisées à Tokyo et Paris (voir dernière page de cet atelier) ont une dominante verte naturelle qui provient d'éclairages au néon ; j'ai donc dû chercher dans New York une station ouverte sur la ville et éclairée, elle aussi, au néon.

Ce n'est pas une image de (science-fiction **mais d'anticipation ;** *elle se situe donc dans un contexte proche de nous.*

Étape 1

Ces croquis me permettent aussi de discuter avec ma maquilleuse de ce que je veux réaliser en prise de vue et lui laisser le temps de penser et de faire, elle aussi, quelques dessins de préparation.

Le croquis

La réalisation de cette série d'avatars est basée sur une superposition d'images, photo et 3D. Mais avant toute chose, il faut réaliser un croquis. Cette première étape est la plus importante à mes yeux : elle détermine les choix de formes et d'ambiances. Je dessine mes croquis bien avant de commencer à chercher une quelconque réalisation sur ordinateur ou de prendre la moindre photo. Une fois les différents essais effectués, je vais beaucoup plus vite parce qu'il ne s'agit ensuite que de suivre le dessin pour en donner un rendu en volume. J'agis en fait comme un sculpteur qui réalise des esquisses avant de s'attaquer aux matériaux.

Il n'est pas nécessaire à ce niveau de pousser les recherches graphiques jusqu'aux finitions. Au contraire, laisser un peu de place au « senti » durant l'exécution sur logiciel permet de ne jamais se bloquer sur des idées de départ qui pourraient apparaître ensuite superflues à la vue sur écran. ■

Le design général doit (générer l'idée *que l'on veut projeter.*

Étape 2

L'image 3D

Je commence par modeler un vêtement avec Cinema 4D, dans la pose que j'imagine pour le modèle. Je pars de bases de volumes simples. Je ne réalise pas une pièce technique mais un vêtement ; je monte donc des formes d'approche de l'ensemble. Pour ne pas aboutir à de fausses proportions et être obligé de refaire entièrement la pièce au moment de sa pose sur la photo du modèle, j'utilise un corps virtuel sous Poser, que j'exporte sous dxf. Je lui donne la pose que prendra le mannequin.

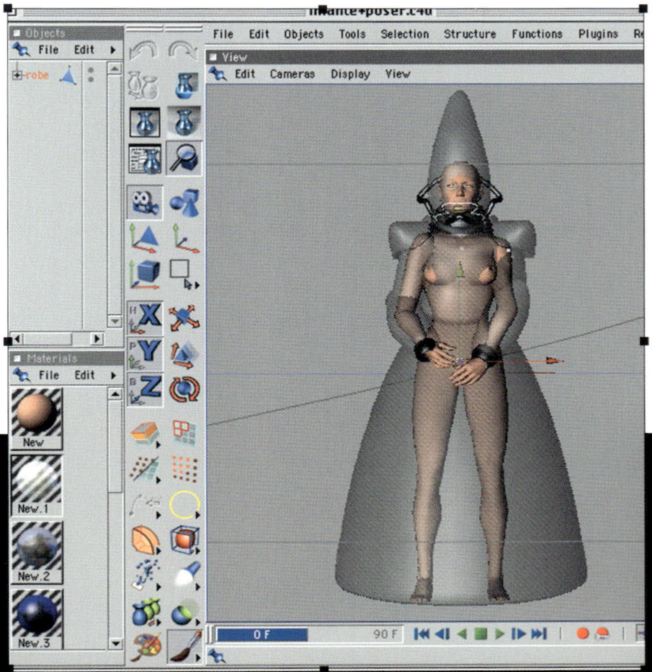

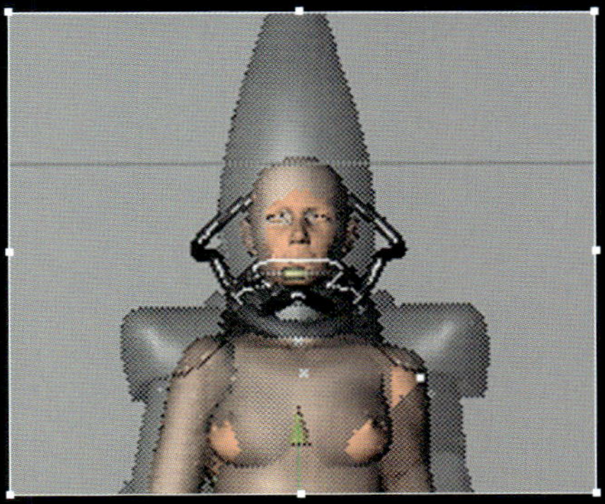

Travailler d'après un costume existant facilite le travail et le rend aussi plus probant.

Pendant que je dessinais, mes croquis m'ont amené à penser à l'infante de Vélasquez. Je me suis donc replongé dans mes livres d'histoire de l'art pour observer la robe de l'infante.

La seule légèreté que je me suis permise est au niveau de la décoration des bras. Les motifs réalisés sous Illustrator me rappellent ceux des avions ; la signalétique technique, un peu S.F., c'est le côté ludique de cette pièce de vêtement. Cela ne sert à rien au niveau discours mais nourrit l'ensemble de touches colorées qui éviteront la monotonie du monochrome. Je suis contre les effets de rouille et de métaux, trop souvent présents dans ce genre d'image. Le côté « high-tech » de pacotille m'ennuie aussi.

La difficulté de l'outil Tampon réside dans le fait qu'il est souvent utilisé très rapidement. Le piège est de saturer l'historique et de ne pouvoir revenir en arrière. N'omettez pas le va-et-vient avec le zoom !

Je crois bon de s'inspirer de ce qui nous entoure et de le détourner en douceur pour apporter une touche de « déjà vu » à l'image.

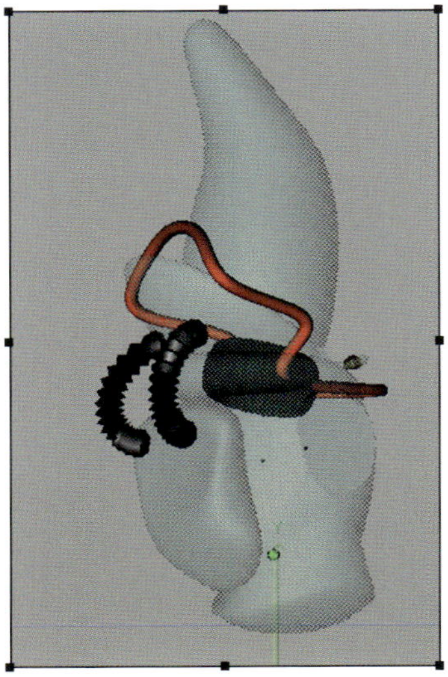

Pour le volume transparent de la combinaison, j'ai pensé à celles utilisées en environnement stérile, d'où cet effet « Bibendum ». Pour mon amusement personnel, j'ai modélisé un bloc de ventilation dans le dos, que personne ne voit, mais qui me donne la satisfaction de la pièce finie. Il est bon de se réserver ces petits espaces personnels, un jardin privé en quelque sorte…

Étape 3

La prise de vue

À mon sens, la prise de vue ne peut intervenir qu'après ce premier travail sur la 3D, et pas avant. En effet, travailler dans le sens contraire et réaliser des pièces 3D d'après une photo brouillerait le processus de création, alors que le principe même de la 3D offre une extraordinaire liberté dans le choix des mouvements et des postures. Il n'y aura ensuite qu'à ajuster la pièce 3D sur la photo.

L'image « photo » est réalisée en trois parties : le fond, un détail et le personnage.

Il faut bien penser, (dès la prise de vue, **à reproduire la provenance** *de la lumière du fond sur la photo du personnage.*

La photo de fond ayant été réalisée en plein air, je choisis la même ambiance pour le personnage, en prenant soin d'orienter les ombres à l'identique. J'ai photographié un détail sur la même plate-forme, mais un peu plus loin afin d'avoir des buildings qui rendent bien « l'ambiance New-York » sur la photo.

Étape 3

Pour des questions techniques de grain, que nous aborderons plus tard (voir l'étape 6), n'utilisez pas de pellicule de sensibilité supérieure à 100 ASA : vous risqueriez de vous retrouver avec une image impraticable. À moins, bien sûr, de vouloir obtenir un « effet », mais vous l'auriez choisi dès le départ et ceci est une autre histoire...

L'ébauche du vêtement réalisée en 3D dans l'étape précédente permet au mannequin de mieux visualiser la pose qu'il a à prendre. Pour faciliter l'étape de détourage, un fond neutre est préférable derrière le personnage, mais il faut surtout éviter les tons sur tons qui rendraient complexe la retouche de la photo par la suite. Plus généralement, soigner la prise de vue pour limiter la retouche est autant de temps de gagné pour créer et améliorer l'image.

Pour faciliter l'étape de détourage, (un fond neutre *est préférable derrière le personnage.*

Étape 4

Retour à l'image 3D

Pour que la photo et le vêtement 3D soient raccords au montage, reprendre les lumières présentes sur la photo et les recréer en 3D. Ici, une rampe de néon passe au-dessus du modèle et la lumière naturelle lui arrive par la gauche.

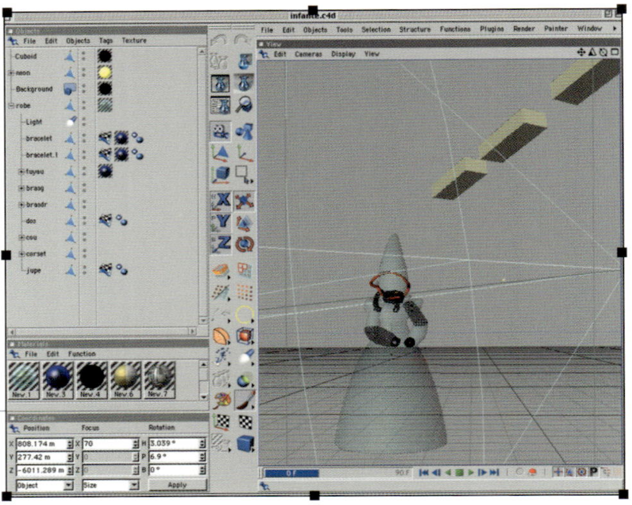

Le personnage

Je réalise un scan rapide de la photo vite détourée que je pose sur une plaque. L'image pèse moins de 1 Méga. Mise derrière le vêtement, elle sert à positionner au plus juste les bras et l'angle de prise de vue.

La lumière externe
Ne multipliez pas les sources de lumière, mais travaillez sur leur qualité et essayez de rendre la transparence du vêtement. On travaillera sur fond noir pour gagner en profondeur.

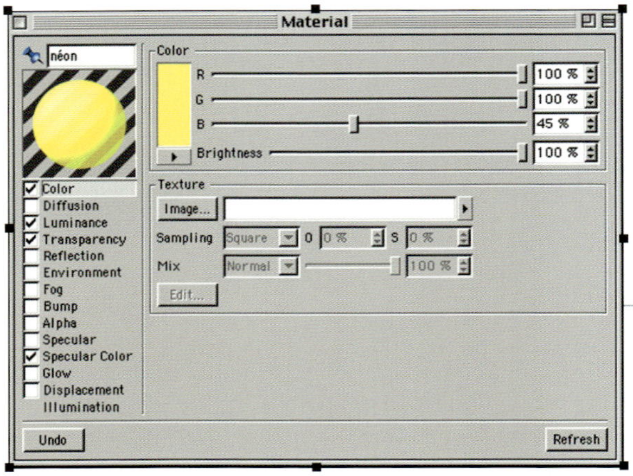

Les néons

Faire des blocs luminescents jaune/vert qui se refléteront sur la combinaison sans rentrer dans la structure de la lampe (elle n'apparaît pas sur l'image finale). Plus les volumes sont simples et limités en polygones, plus les temps de calculs sont réduits.

La caméra

Pour que l'ensemble garde une cohérence, je reprends la même focale que celle de la prise de vue. Pour éviter les déformations dues aux courtes focales (35 mm et au-dessous), je conseille de faire ce genre de personnage avec un 70 mm ; au-delà, on écrase un peu l'image.

En 3D, on a peut aussi choisir (une focale *de caméra.*

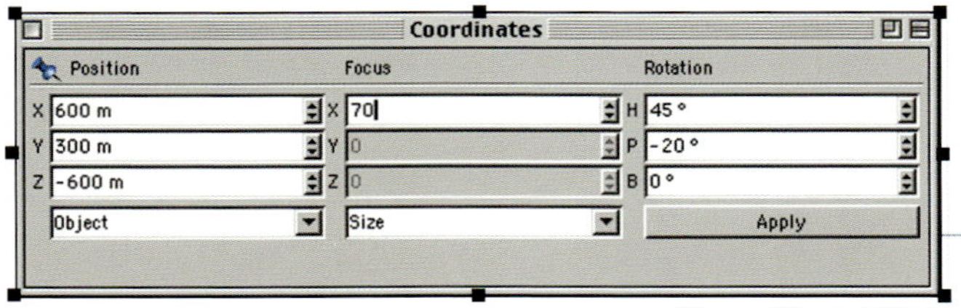

Rendu

Faire un premier rendu en basse définition pour vérifier le placement sur la photo *(voir l'étape 5).* L'importation de la 3D sur Photoshop se fait en réalisant un rendu au format TIFF. Le poids d'image doit dépasser les 10 Mégas, mais si vous ne réalisez pas de grands formats, il n'est pas nécessaire d'aller au-delà. ■

Étape 5

Corrections de la photo et de l'image 3D

Une fois vos scans réalisés, le travail de découpage technique peut commencer. Je préfère travailler sur des scans haute définition à 80 Mégas parce que le format final de cette réalisation sera de 1m20 – 1m50 ; la qualité du scan est déterminante pour la définition de l'image.

L'image 3D est sans grain puisqu'elle est numérique, au contraire de ma photo qui est argentique. Il va donc falloir mélanger sous Photoshop deux images de natures très différentes (voir l'étape 6).

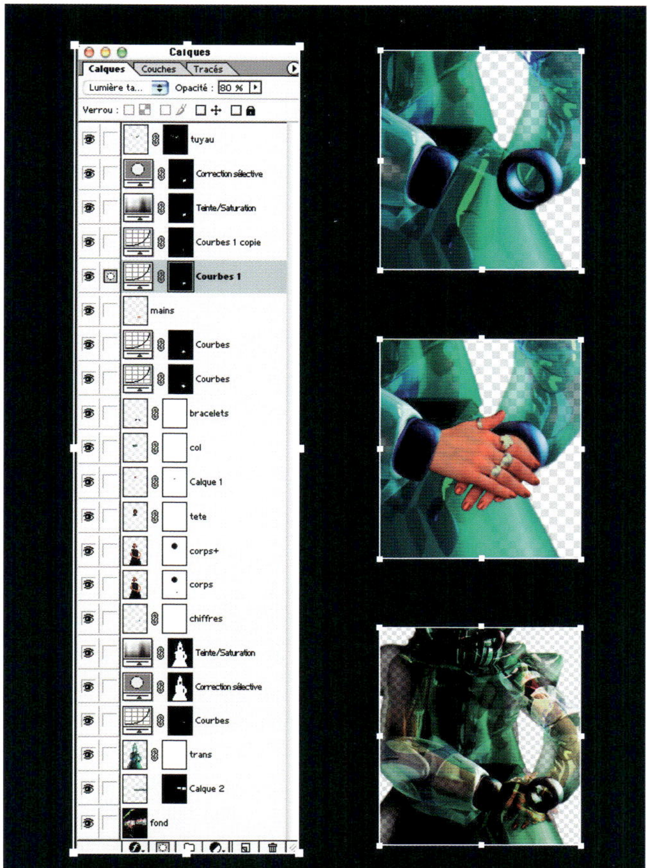

Classement des calques

Vous verrez qu'une forêt de (calques sans noms **devient un labyrinthe** *que l'on peut s'éviter facilement en nommant les calques.*

Vérifiez bien que la position du vêtement en 3D correspond exactement à celle du personnage photographié ; si ce n'était pas le cas… retour à la case départ ! Sinon, certains détails peuvent être rattrapés en les découpant individuellement et en les repositionnant légèrement.

Il faut toujours faire un calque pour chaque morceau travaillé, même s'il s'agit d'un tout petit détail. Sur Mac, vous pouvez éviter les Pomme+C/Pomme+V en utilisant Pomme+J, tout simplement.

Renommez les calques : vous verrez qu'une forêt de calques sans noms devient un labyrinthe que l'on peut s'éviter facilement en nommant les calques.

Je ne suis pas pour la « retouche beauté » à outrance sur ce genre de photo : le caractère de la personne compte également dans le résultat final. Si vous avez pris soin de bien maquiller le personnage pour la prise de vue, supprimez seulement les petits défauts de peau avec l'outil Tampon, mais évitez l'effet « Barbie » ; vous perdriez en définition et tout deviendrait vite mou et uniforme… Gardez de la vie dans vos images !

Étape 6

Assemblage des images

Le découpage

Après avoir finalisé le rendu de l'image 3D, je passe à une phase intermédiaire où je superpose le personnage et le fond. Je mets l'image du personnage à 50 % pour évaluer les endroits de découpe et les calques nécessaires à la fabrication de l'image finale.

Mon idée de base étant que notre avatar n'a pas de consistance dans le monde réel, je joue sur les transparences pour « l'éthérer » et le rendre plus léger. Cette idée de transparence doit être évidente à l'œil. Je crée, dans un premier temps, un volume 3D qui suit cette idée, puis, à l'aide de sandwichs de calques, je vais affiner le rendu à la réalisation photo.

Évitez les bords nets sur les découpes qui donnent vite un effet de découpage aux ciseaux, voire à la tronçonneuse.

Les courbes

Cette étape est primordiale pour la crédibilité de la réalisation finale. Le travail sur les courbes permet de corriger les différences de teintes entre les images. Je privilégie alors la photographie parce que c'est la 3D qui vient s'intégrer au décor, et non l'inverse.

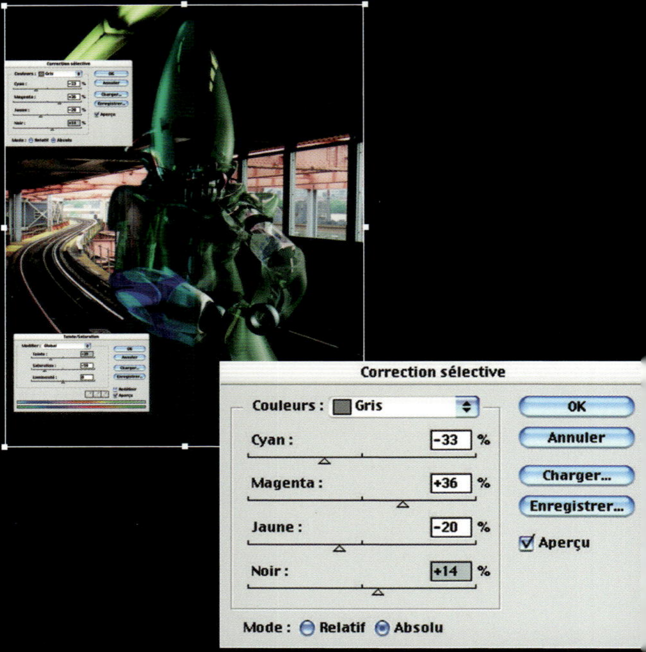

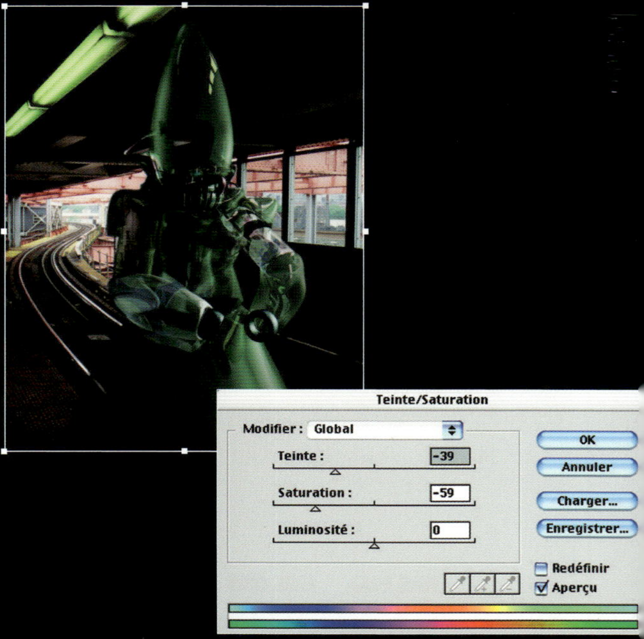

Étape 6

C'est la lumière des néons qui a déterminé la couleur de l'avatar ; je reste donc dans une gamme du jaune au vert. J'augmente les contrastes pour jouer avec les noirs naturels des ombres de la station. Pour obtenir un aperçu rapide de l'étape réalisée, utilisez plusieurs fois Pomme+Z /Pomme+Z en cours de changement.

Il est bon de réaliser (plusieurs versions **(avant, pendant, après),** *et de les comparer afin de visualiser la progression du travail.*

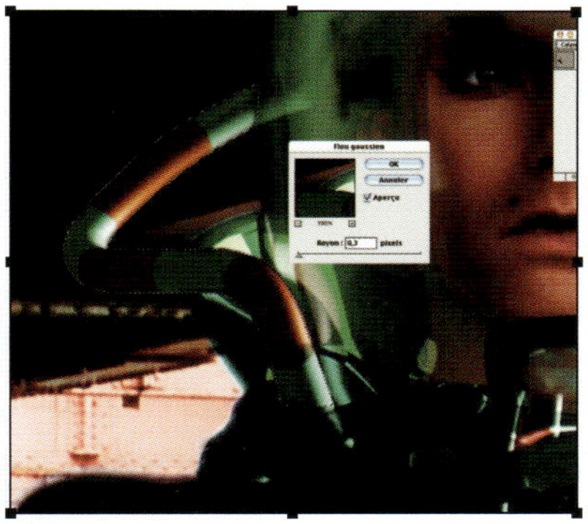

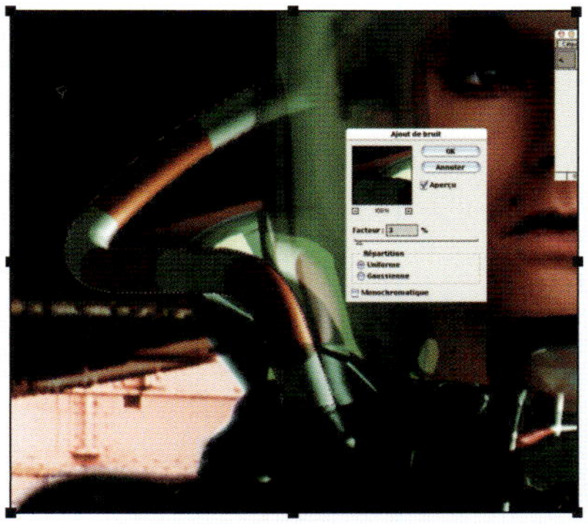

Le grain

Cette partie est très technique mais aussi très intéressante dans la confrontation des deux natures d'images, argentique et numérique. Lorsqu'on réalise une photo, on est soumis à un grain plutôt rond ; l'image numérique, elle, est lisse et à base de carrés (pixels). Comme on ne peut pas changer la texture de la photo, c'est celle de l'image 3D qui va devoir s'adapter. Je ne suis pas un fanatique des filtres Photoshop et je les évite autant que je peux – tout le monde utilise les mêmes filtres et uniformise ainsi les réalisations. Néanmoins, l'ajout de bruit est utile et va donner une cohérence à l'ensemble.

En effectuant des sélections des parties à enrichir en grain, j'agrandis une partie de l'image qui me servira de bande test pour l'ajout. Il est difficile de se rendre compte de la proportion sur une image à 100% sur écran. Comme pour la cuisine, tout est dans le dosage : on ajoute par petites touches et on goûte avec les yeux.

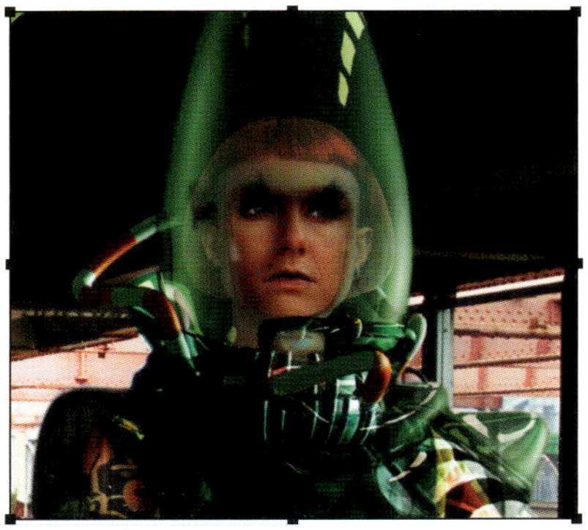

Une fois l'image finale assemblée et les calques aplatis, c'est enfin la satisfaction du travail accompli. Je pose cette réalisation avatar New-York à côté des autres photos de la série, pour voir si elle s'intègre bien. Réaliser une image seule n'est, somme toute, pas très compliqué. C'est plutôt la réalisation d'une photo pour une série qui est intéressante, ainsi que le développement de ses idées en essayant de ne pas mettre tous ses œufs dans le même panier, ce qui donnerait des images surchargées et parfois illisibles.

atelier 07

LUC **PETITOT**

Matériel utilisé

- Compatible PC
  Pentium III 450 MHz
  512 Mo de mémoire vive
  Carte graphique OpenGL

Logiciels utilisés

- Photoshop 6.0
- Maya 4.0

Le pendule de l'an 2000

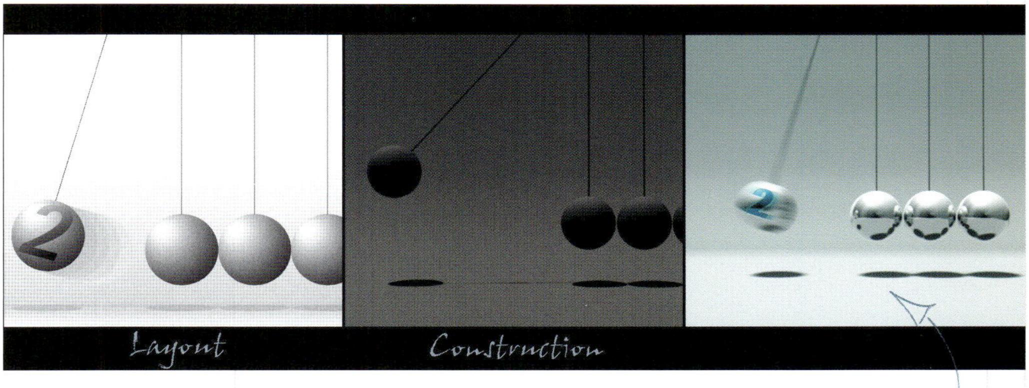

Image finale

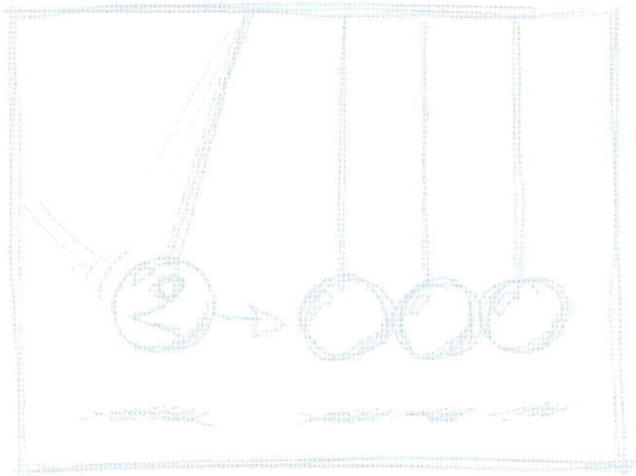

Le but était de réaliser pour les cartes de vœux de la banque Spuerkess une image illustrant le passage symbolique à l'an 2000. L'agence de publicité Interpub chargée du projet choisit une image fixe en 3D, composée de quatre boules suspendues, la première portant le chiffre 2 et les trois autres figurant les zéros de 2000. Cette première boule devait donner l'impression de transmettre un mouvement aux autres, traduisant le concept de « la compagnie qui donne de l'impulsion au nouveau millénaire ».

La principale difficulté de la réalisation a été de donner à la première boule une impression de mouvement par la méthode du flou dans le mouvement *(motion blur)*, tout en gardant la lisibilité du chiffre 2. L'aspect hyperréaliste des boules ayant été décidé, j'ai porté mon choix sur un rendu par tracé de rayons *(raytracing)*, en vue de restituer les réflexions des sphères les unes sur les autres.

Si l'image était animée, elle pourrait supporter quelques défauts mineurs, invisibles à (l'œil nu.

Mais dans le cas d'une image fixe, on n'a plus le droit à l'erreur : la réalisation finale doit être parfaite !

Étape 1

Construction des boules

Si la modélisation est ici d'une simplicité triviale, la précision est en revanche essentielle. Chaque boule étant considérée comme un objet dynamique rigide, il faut être absolument sûr que les boules ne se pénètrent pas. Leur modélisation est constituée simplement de primitives. Comme les boules doivent apparaître parfaitement rondes sur l'image imprimée, le choix des surfaces Nurbs s'est imposé puisqu'on peut décider du type de division polygonale pour le calcul du rendu final. Pour la modélisation des fils, des objets polygonaux ou en Nurbs importent peu : ces fils sont en effet très fins et leurs résolutions importent moins que celles des sphères. Pour des raisons d'optimisation du rendu, j'ai opté pour des objets polygonaux avec un nombre réduit de polygones.

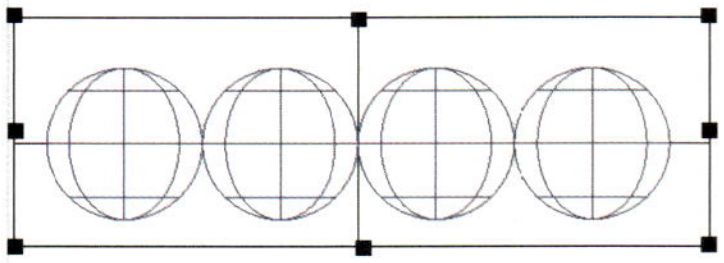

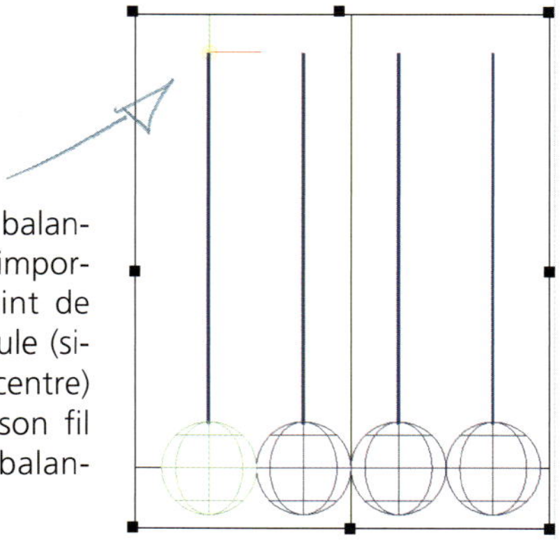

Pour produire l'effet de balancier qui va suivre, il est important de déplacer le point de pivot de la première boule (situé initialement en son centre) au point d'attache de son fil autour duquel elle se balancera.

Dans le cas d'une animation complète, les points de pivot des autres boules seraient également déplacés de la même manière.

Optimisation des temps de calcul

Dans un calcul par tracé de rayons, et surtout quand l'image à calculer est grande, les temps de calcul peuvent être importants et il faut donc optimiser au maximum la scène. Au stade de la modélisation, on s'assure que les normales sont orientées dans le bon sens, et que seules les facettes extérieures sont prises en compte lors du rendu afin d'en accélérer son calcul. Pour cela, on décoche l'attribut Double Sided dans la section Render Stats des attributs des objets.

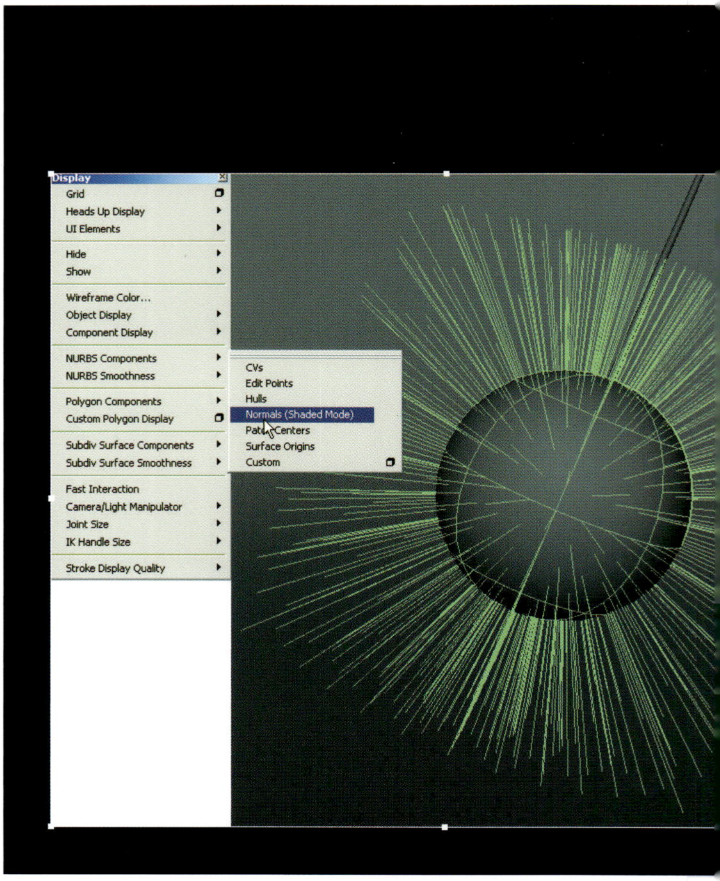

Étape 1

Attachement des fils aux boules

Les fils doivent rester solidaires aux boules quand celles-ci se déplacent. Cela peut être fait très facilement en contraignant leur mouvement en orientation par rapport aux boules, grâce à l'option Orient du menu Constraint. Cette contrainte permet uniquement de contraindre le mouvement des fils en rotation par rapport au mouvement en rotation des sphères. Autrement dit, si la sphère tourne autour de son point de pivot d'une certaine valeur, le cylindre tournera d'une valeur équivalente.

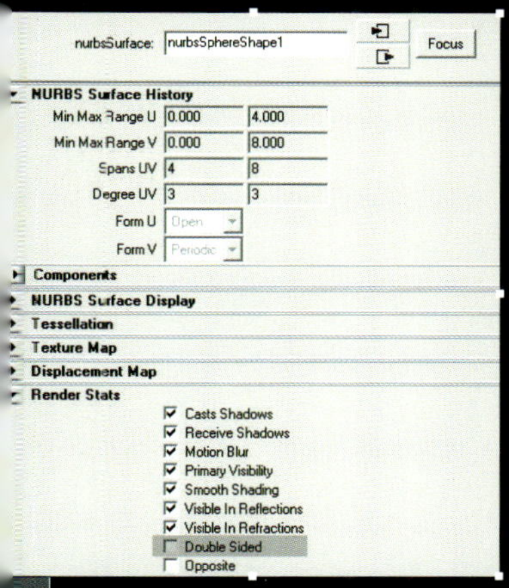

Il est important de comprendre que le fil n'est pas attaché à la sphère comme il le serait en réalité. On se contente simplement ici de fabriquer les choses pour qu'elles bougent comme on le voudrait et qu'elles donnent l'impression de ce que l'on attend.

Création d'un infini

Un infini est un fond selon une courbe parabolique qui donnera à l'image un éclairement uniforme, sans reflets. On aura ainsi l'impression que le fond s'étend sans fin, à la manière des fonds utilisés en photographie de studio.
Dans la fenêtre de côté *(side)*, il faut dessiner une courbe qui respecte un profil plus ou moins parabolique. De cette courbe, on en retire ensuite une surface par extrusion.

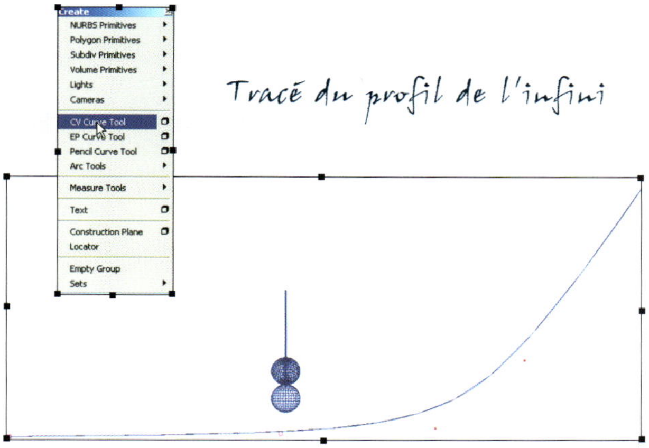

Tracé du profil de l'infini

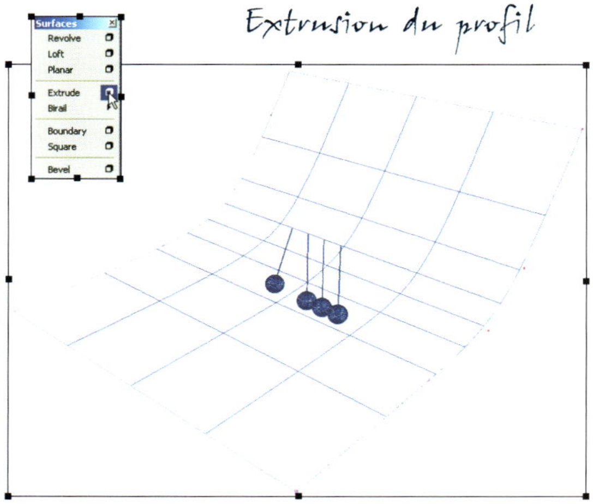

Extrusion du profil

Étape 2

Animation de la boule

Pour donner la sensation de mouvement sur une image fixe, il faut reproduire un effet de flou dans le mouvement. Pour cela, il est nécessaire de bâtir une animation. Calculé dans Maya, le flou dans le mouvement tient à la fois compte de la vitesse de la boule, du paramètre d'ouverture de diaphragme qu'il est possible de spécifier dans le logiciel, et des paramètres fixés dans le menu Motion Blur (voir étape 10).

Pour créer l'animation, la mise en place d'images clés aurait été possible, mais j'ai préféré utiliser ici la dynamique car c'était la méthode la plus rapide, la plus simple, et la plus proche de la réalité.

Création de la contrainte

Bien que les fils aient été modélisés par de petits cylindres, les boules se meuvent encore pour le moment librement ; autrement dit, pour le logiciel, elles ne sont pas « attachées » à chaque fil. Pour que la boule bouge autour de son point d'attache, il faut donc lui donner une contrainte dynamique. Le type de contrainte choisi est le Nail. À sa création, cette contrainte vient se placer au centre de la boule (qui est aussi son centre de gravité). Il faut encore déplacer le point d'attache de la contrainte, de manière à le faire correspondre au sommet du cylindre qui figure le point d'attache du fil.

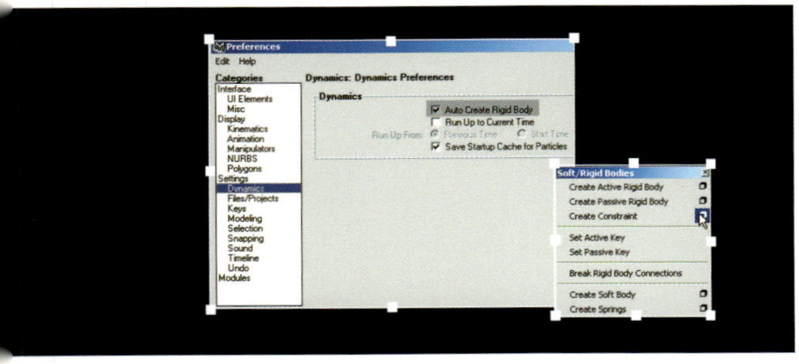

Création du champ de gravité

Pour imprimer un mouvement à la première boule, on l'écarte des autres en lui faisant subir une rotation autour de son point de pivot. Il faut donc lui appliquer un champ de gravité pour qu'elle se mette en mouvement,. Pour cela, en ayant sélectionné la première boule, on appelle la fonction Gravity, qui permet l'application d'un champ de gravité sur cette boule.

Paramétrage du mouvement de la boule

La dynamique fait appel à un calcul sous Maya qui va évaluer la meilleure solution pour la simulation mise en place. Cette solution respecte les paramètres choisis dans le Solver, moteur dynamique qui se charge de calculer le résultat de toutes les entités dynamiques appliquées sur un objet. Ici, j'ai laissé les paramètres par défaut (qui suffisent dans la plupart des cas), mais les paramètres de visualisation ont été modifiés pour mieux voir ce qui se passe. ■

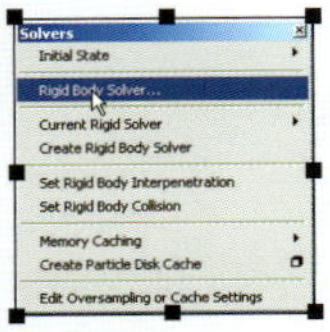

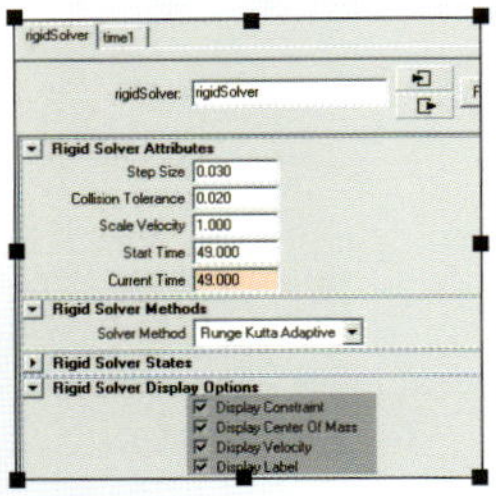

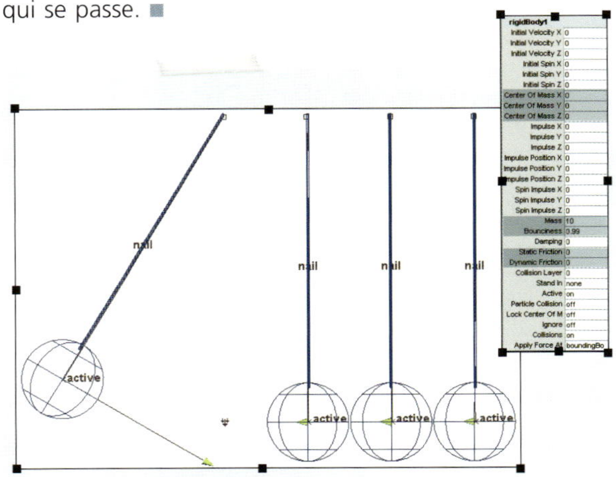

Étape 3

Choix de la résolution

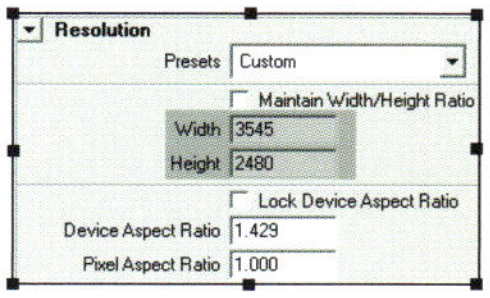

À la différence de Photoshop, Maya ne possède pas de menu pratique donnant la dimension en centimètres de l'image suivant une résolution donnée. Ce logiciel fonctionne selon le principe que la résolution d'une image se traduit par un nombre de pixels : il faut donc spécifier à Maya la hauteur et la largeur de l'image en pixels. La demande du client étant la génération d'une image de 10 cm sur 15 cm en 600 points par pouce, la calculette est de mise. Dans notre cas, nous nous sommes simplifié la tâche en créant une nouvelle image vide respectant ces proportions sous Photoshop, afin d'en déduire le nombre de pixels en hauteur et en largeur. Une fois obtenues, ces valeurs ont été introduites dans les Render Globals de Maya. Une image de 600 ppp de 10 cm sur 15 cm représente ainsi 3545 pixels de large sur 2480 pixels de haut.

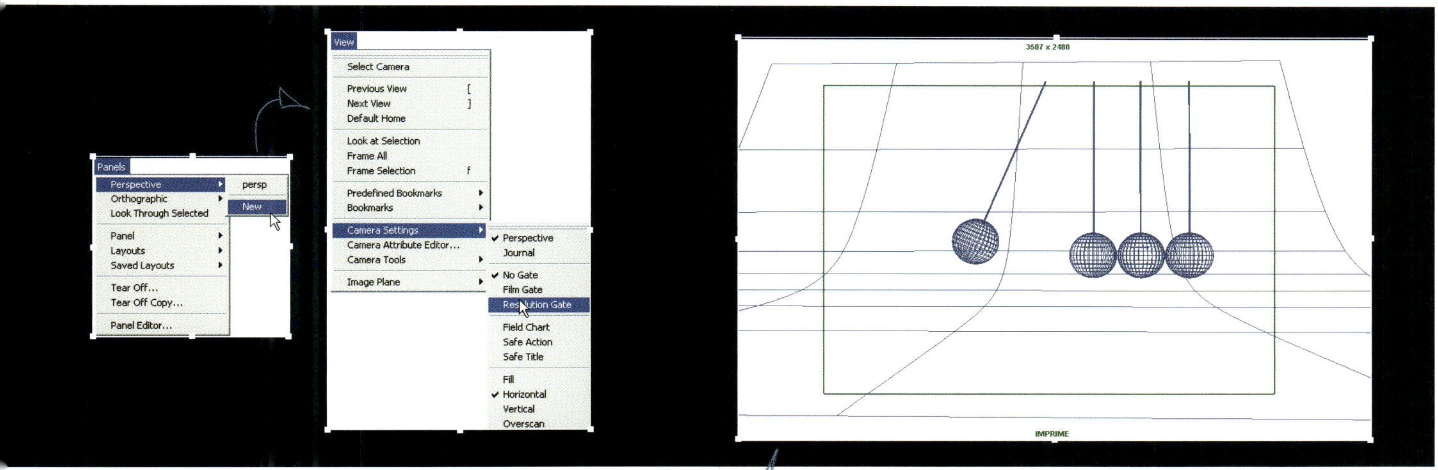

Le cadrage

Il faut adapter le cadre de la vue à celui du support final. En effet, le rapport longueur/hauteur d'un écran est de 4/3, alors que celui d'une carte postale se rapproche plus de 3/2. Il est donc important d'afficher à l'écran la zone qui sera réellement rendue, pour ne par avoir la surprise de devoir recadrer par la suite. Pour définir le cadre de ce qu'il fallait voir au rendu, une nouvelle caméra de perspective a ainsi été choisie.

Pour connaître précisément les bords de votre cadre, (choisissez **l'option Resolution Gate** *des paramètres de caméra.*

Une fois satisfait du cadre, et pour éviter de le changer par erreur, il est bon de figer cette vue. Pour cela, sélectionnez tous les canaux de déplacement de la caméra dans la Channel Box et cliquez sur le bouton droit de la souris, afin de choisir l'option Lock Selected. Cela bloquera les canaux qui adopteront une couleur foncée : plus aucun changement de ces canaux ne sera accepté. ■

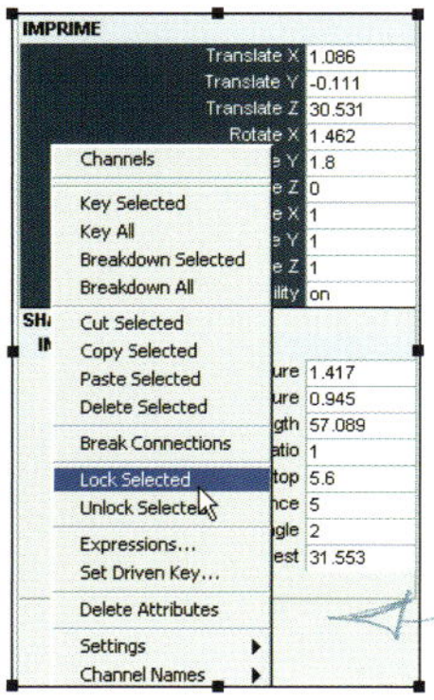

Étape 4

Optimisation des calculs de rendu tests

Au stade de la mise au point, il n'est pas nécessaire de calculer une image à sa résolution finale, sous peine d'attendre longtemps entre chaque étape. Le dixième de la résolution a donc été choisi pour les premiers calculs de tests. De plus, l'anti-crénelage *(antialiasing)* a été supprimé pour encore accélérer ces calculs.

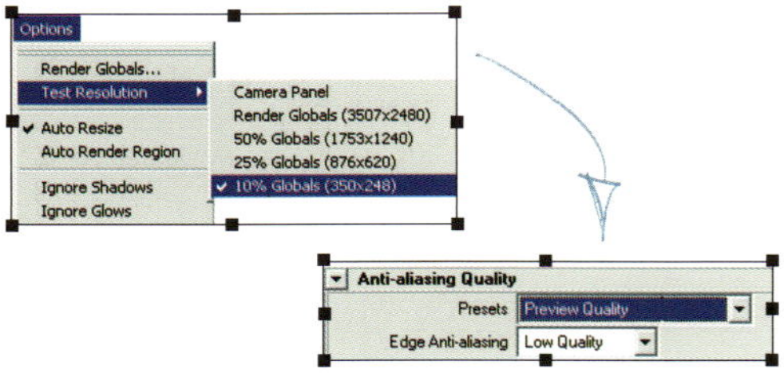

Installation des éclairages

Comme la résolution finale doit être très haute, il faut réduire, à tous les niveaux, les temps de calcul trop importants, et notamment ceux découlant du nombre d'éclairages placés. Il faut donc en choisir peu et judicieusement. Un éclairage directionnel est celui qui se calcule le plus vite dans Maya.

Choisissez l'écran de travail idéal pour la mise en place des matières et des éclairages. Pour le placement de l'éclairage, IPR peut être utilisé avec l'option de tracé de rayons désactivé, ou tout simplement dans la vue de caméra en mode ombré.

Un éclairage directionnel a été créé et positionné de façon à ce qu'il éclaire la partie supérieure gauche des boules. ■

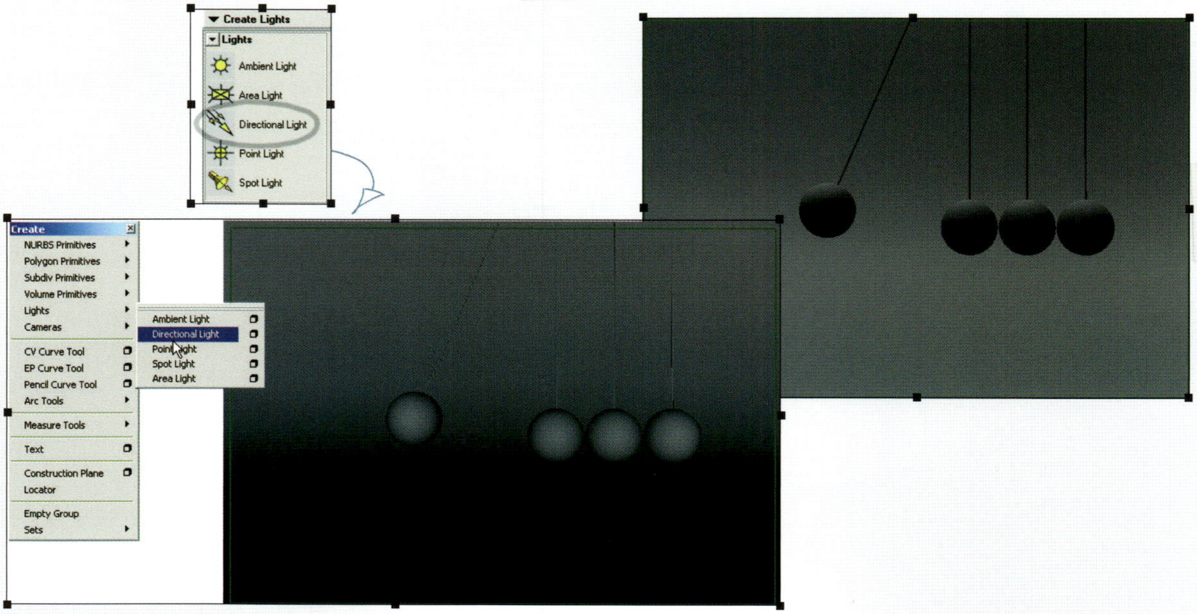

Étape 5

Génération des ombres

Le plus grand réalisme possible étant de règle pour cette image, la génération d'ombre suivant le tracé de rayons a été préférée aux ombres générées par texture de profondeur (Depth Map Shadows).

IPR est un outil puissant de Maya pour la mise au point ces matières et des éclairages sur l'intégralité de l'image, mais le tracé de rayons ne permet pas encore son utilisation. Chaque mise au point passe donc par un rendu test entre chaque changement significatif. En laissant les paramètres par défaut, les ombres se dessinent mais sont trop régulières à mon goût. En outre, les balanciers projettent également une ombre peu visible mais qui paraît être un défaut dans l'image.

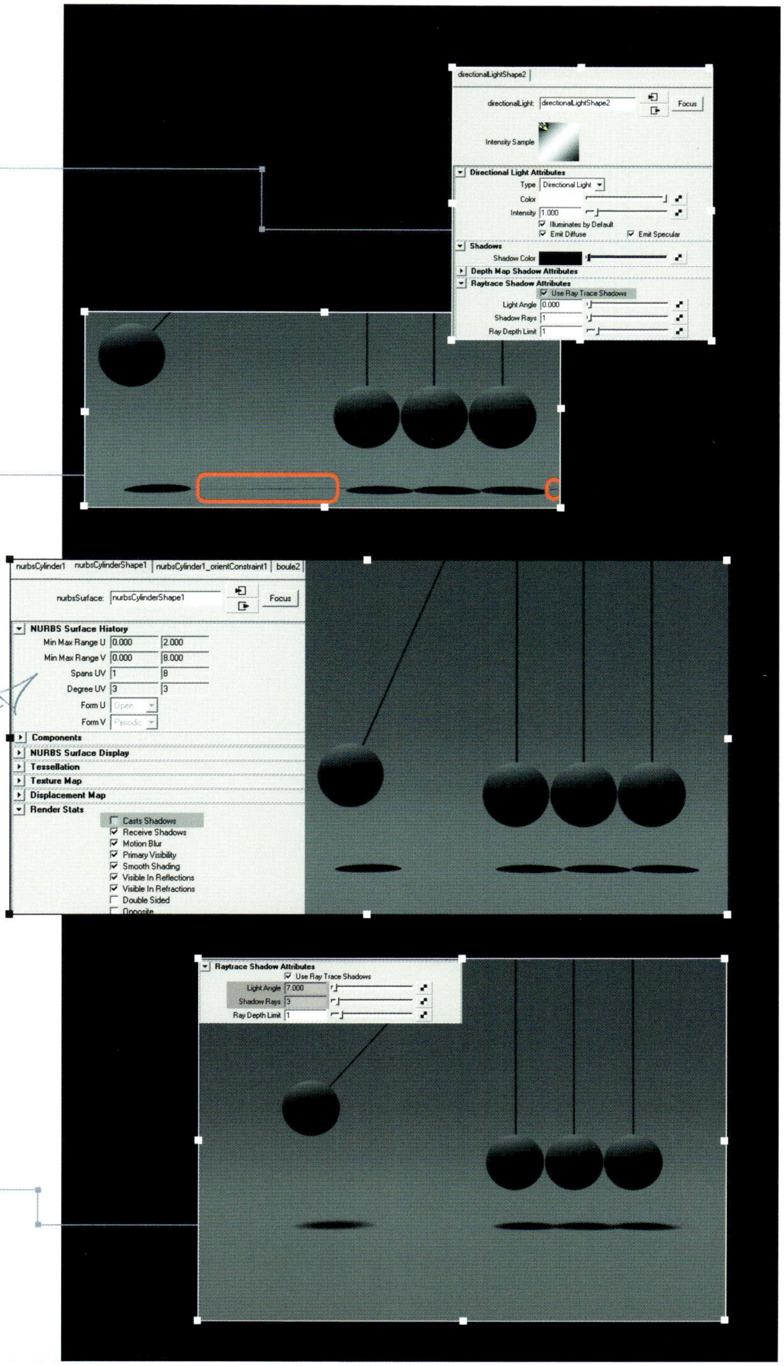

Amélioration des ombres

La génération des ombres a été désactivée pour tous les fils. Pour cela, on sélectionne les cylindres un à un et on désactive l'attribut Cast Shadows dans le menu Render Stats de leurs attributs.

Les bords des ombres sont encore trop bien définis. Il est plus réaliste d'obtenir des bords d'ombres flous, ce qui se règle en augmentant l'angle de l'éclairage. Or l'éclairage directionnel ne possède pas d'angle d'ouverture puisque son seul paramètre est sa direction. Toutefois, il existe l'attribut Light Angle qui donne un angle d'ouverture, même à un éclairage directionnel, et cela justement pour la génération d'ombres à bords flous. Ici, cette valeur a été augmentée à 7.
Les ombres générées ont maintenant un bord flou, mais présentent un aspect granuleux. Pour réduire cet aspect, il faut agir sur le nombre de rayons qui sont projetés par l'éclairage : le paramètre Shadows Rays permet d'augmenter ce nombre de rayons. ■

> Le paramètre Shadow Rays peut rallonger considérablement les temps de calcul. Il fallait donc choisir la valeur la plus basse possible qui donne cependant des résultats acceptables. 3 m'a semblé une bonne valeur.

Étape 6

Matière du fond

Jusqu'à présent, aucune matière n'a été appliquée sur les objets, ces derniers prenant la matière Lambert1 par défaut. Le fond ne doit produire aucune réflexion, ce qui est une caractéristique d'un matériau Lambert ne présentant pas de spéculaire. Cependant, pour briser l'uniformité du décor et donner une ligne d'horizon, j'ai créé un nouveau matériau et lui ai appliqué une texture formée d'un dégradé de gris. Une image fournie par le client a été ici utilisée, mais la fonction Ramp aurait pu tout aussi bien servir.

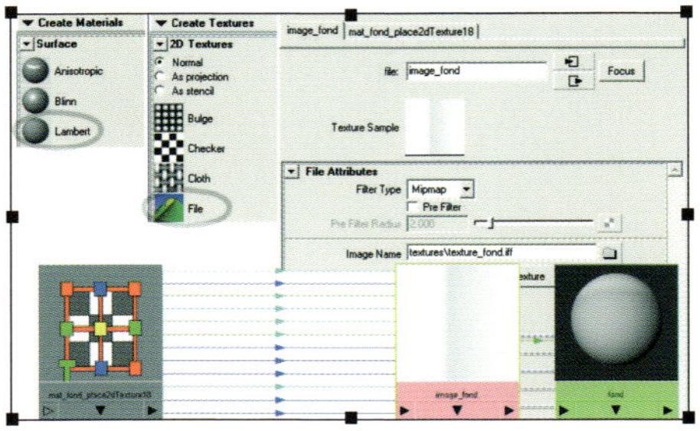

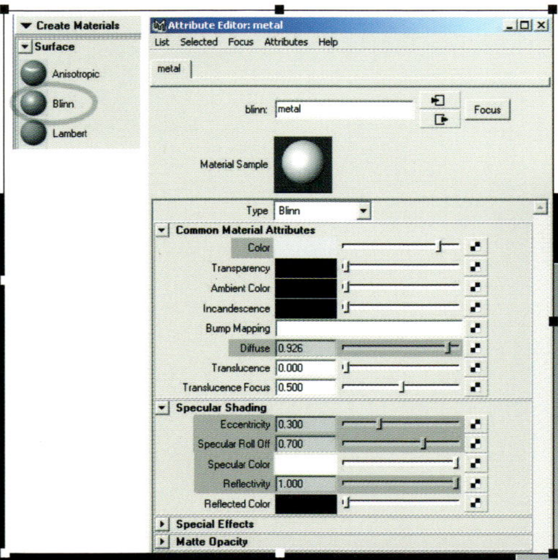

Matière des boules et des tiges

Les boules et leurs tiges sont en métal chromé, donc très réflectives. Le matériau donnant les meilleurs résultats et le plus de contrôle possible est de type Blinn. Sa couleur est un gris très pâle, sa composante diffuse très proche de l'unité, et sa couleur spéculaire totalement blanche, ce qui signifie que toutes les composantes des couleurs réfléchies le seront de la même manière. J'ai choisi les valeurs 0,3 pour Eccentrity et 0,7 pour Specular Roll Off.

> Pour la mise au point des matériaux, j'ai sélectionné seulement une petite partie de l'image pour me concentrer uniquement sur la première boule. Le rendu partiel est appelé en cliquant sur le bouton présent dans la fenêtre de rendu.

Pour mieux observer et comprendre ce qui se passe, il est nécessaire de faire un rendu rapproché sur l'une des boules. On remarque ainsi que les trois autres boules sont réfléchies dans la première, mais qu'elles apparaissent sans réflexions les unes sur les autres, et qu'il n'y a pas de réflexion de l'ombre de la première sphère. On constate aussi que la grande tache sombre figurant dans la partie supérieure de la boule est due à l'absence de décor qui lui fait face, la boule reflétant donc le vide qui l'entoure, c'est-à-dire l'absence de couleur, donc le noir. Enfin, à cette distance très rapprochée, la courbure de la sphère apparaît découpée.
Les deux derniers points seront vus à l'étape 7. Attelons-nous à résoudre le premier.

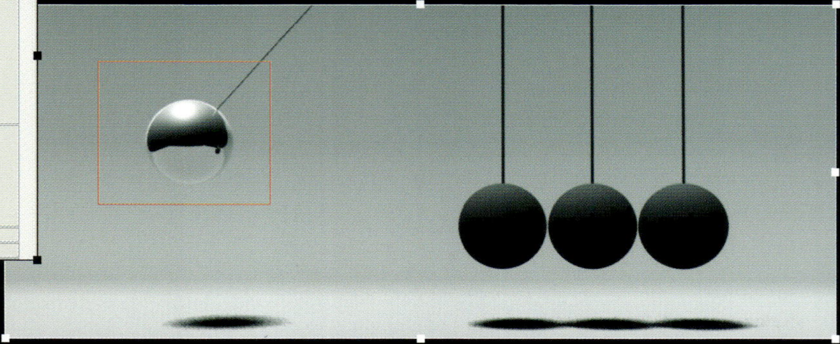

Étape 6

Les découpes perceptibles peuvent paraître négligeables à l'écran, mais très visibles sur papier, la résolution étant plus élevée. En travaillant sur des résolutions d'images tests plus basses, je laissais passer des détails pouvant apparaître à l'impression. J'ai donc tiré des épreuves sur papier à la résolution finale dans un rendu plus simple pour mieux juger de la qualité.

Réflexion des ombres

Pour que les ombres se réfléchissent sur les boules, et pour spécifier le nombre de fois qu'elles se réfléchiront, il faut également changer le paramètre de génération d'ombres.

Ce paramètre, appelé Ray Depth Limit, se trouve dans le menu Raytrace Shadow Attribute des attributs de l'éclairage. Pour rester cohérent avec le nombre de fois que les boules se réfléchissent entre elles, j'ai réglé ce paramètre à 3. Une valeur plus élevée pourrait augmenter considérablement les temps de calcul. De toute manière, l'image finale ne montrant pas les boules dans un plan aussi rapproché, les détails obtenus pour une valeur plus grande ne seraient pas perceptibles.

Nombre de réflexions

Le fait que la boule réfléchie paraisse grise est dû au nombre de fois que le rayon se réfléchit dans la matière. En réglant le paramètre Reflection Limit sur 3, on produit trois allers-retours dans la matière de la boule : autrement dit, la première boule va se réfléchir dans la deuxième qui, à son tour, va se réfléchir dans la première qui, à son tour, va se réfléchir dans la seconde, etc. Après ces trois parcours, la réflexion de la boule apparaîtra à nouveau grise puisque le calcul s'arrête là. Il est bien évident que les temps de calcul dépendent aussi de ce paramètre et qu'ils pourraient être très importants si la valeur était exagérée.

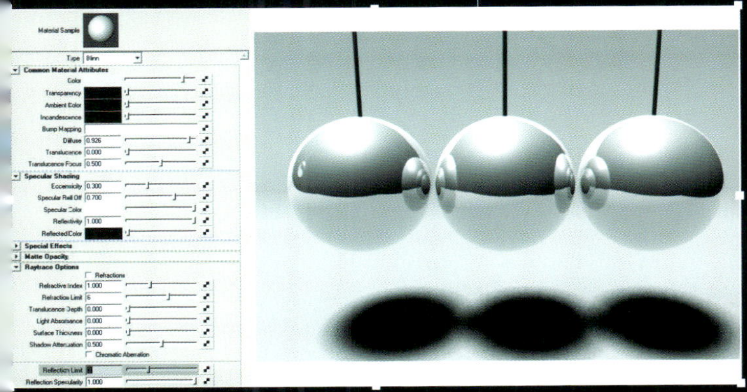

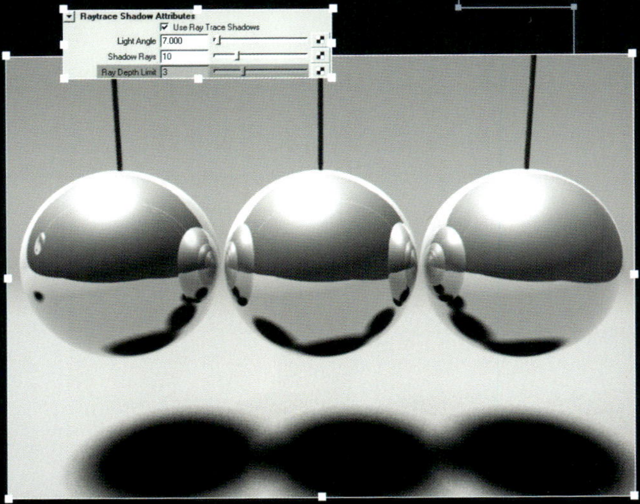

Étape 7

Mise en place d'un environnement

La partie sombre du dessus de la boule est due au manque de décor entourant la scène. Dans un calcul utilisant la méthode du tracé de rayons, l'objet réfléchit tout le décor qui l'entoure. Pour l'instant, seul l'infini à l'arrière des boules est présent en dehors des boules elles-mêmes. Un environnement doit donc être créé pour entourer les objets de la scène.

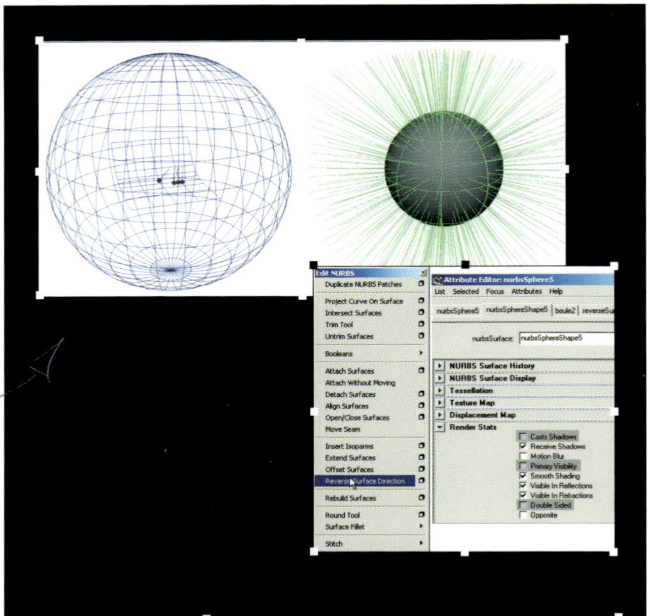

Ce décor a été réalisé en générant une boule qui englobe tous les objets de la scène. Ses normales ont ensuite été inversées et le choix d'une face visible a été à nouveau effectué. Une texture contrastée noire et blanche a été appliquée à son matériau pour enrichir les réflexions produites dans la boule. Comme l'éclairage actuellement présent est un éclairage directionnel, orienté vers les boules, il a fallu choisir un nouvel éclairage pour que ce décor soit également illuminé dans toutes les directions. J'ai choisi un éclairage ambiant car il permet d'éclairer uniformément la scène.

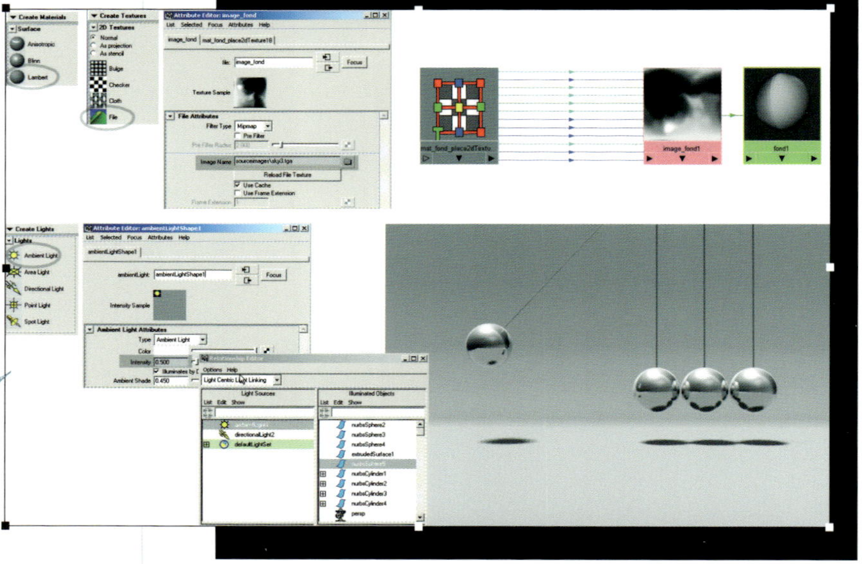

Pour que les boules, les fils et l'infini ne soient pas illuminés par ce nouvel éclairage, ils ont été exclus de son influence, en appelant le menu Light Linking de la fonction Lighting/Shading du menu principal.

Il faut éviter de voir une ligne nette apparaître dans les réflexions. Ce phénomène est dû à la disposition de la texture là où son début rejoint sa fin, c'est-à-dire à la couture *(seam)* de la sphère. Il faut donc orienter la sphère d'environnement de manière à voir une réflexion correcte sur la boule.

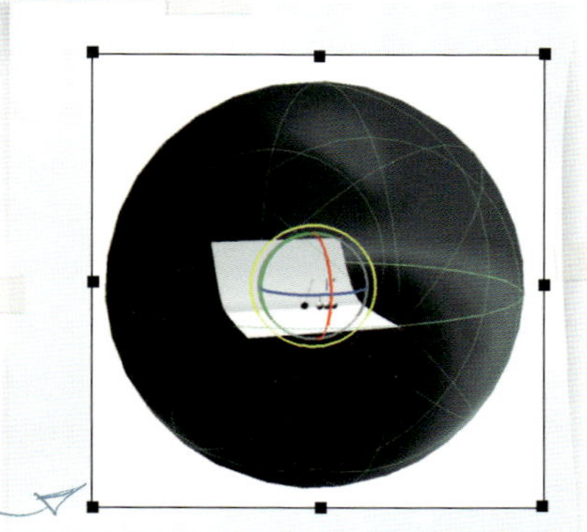

Résolution des boules

Maya transforme les surfaces Nurbs en facettes polygonales au moment du rendu et cela en général de façon optimale. Dans mon cas cependant, cette résolution (tesselation) doit être augmentée pour éviter qu'apparaissent sur l'imprimé des découpes dans la sphère. Pour cela, il faut sélectionner le paramètre Display Render Tesselation dans le menu Tesselation des attributs de la boule, ou bien activer le menu Set NURBS Tesselation du menu Render. ■

Étape 8

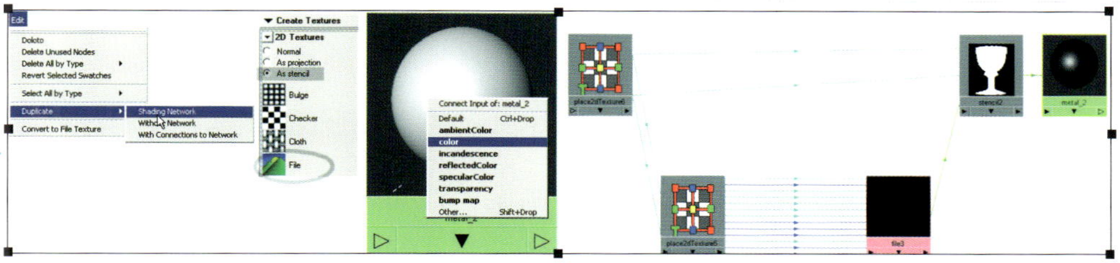

Le chiffre 2

Pour compléter l'illustration, le chiffre 2 est appliqué à la première boule. Je rappelle en effet que cette image devait servir de carte de vœux et devait illustrer à la fois Noël (par les boules) et le passage à l'an 2000.

Pour m'aider à placer correctement la texture sur la boule, j'ai désactivé momentanément le tracé de rayons pour le réactiver une fois la texture correctement placée, ce qui m'a permis d'utiliser IPR pour l'interactivité qu'il offre.

On copie d'abord le matériau déjà attribué aux autres boules, et on lui applique la texture du chiffre 2 par Stencil.

Pour que le chiffre 2 apparaisse en découpe sur la boule, il faut lui spécifier que la couleur blanche sera transparente (Color Key). Elle devient transparente en activant l'attribut Key Masking.

Pour éviter le liseré de pixels blancs qui apparaît alors autour du chiffre 2, il faut donner à la couleur utilisée comme masque une plus grande tolérance à la sélection de couleur (Hue Range).

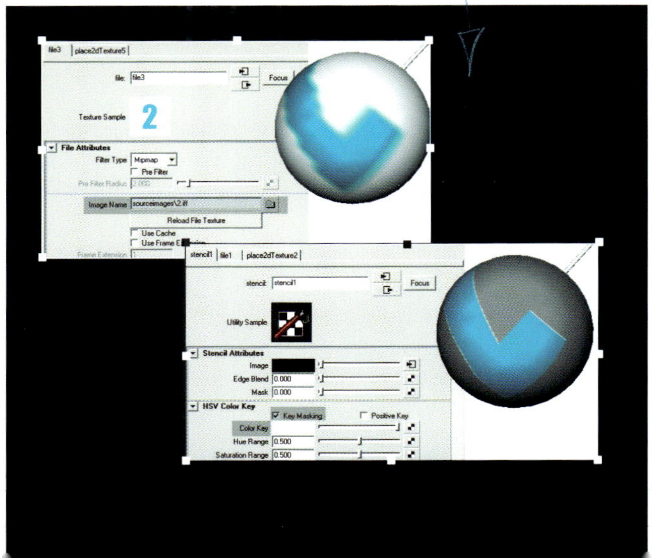

Placement correct de la texture

Pour repositionner correctement le 2 sur la boule, j'ai sélectionné le nœud correct de positionnement (en amont de la fonction Stencil pour que ce repositionnement lui soit aussi appliqué), et j'ai modifié les paramètres Coverage, Translate Frame et Rotate Frame.

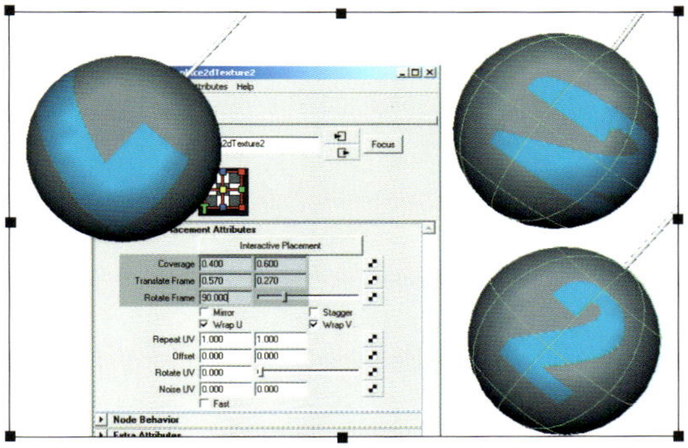

La couleur aux alentours du 2

Là où la texture est transparente, le matériau prend la couleur spécifiée par l'attribut Default Color du Stencil : on donne donc à cet attribut la même valeur de couleur que celle spécifiée pour la matière des autres boules. ■

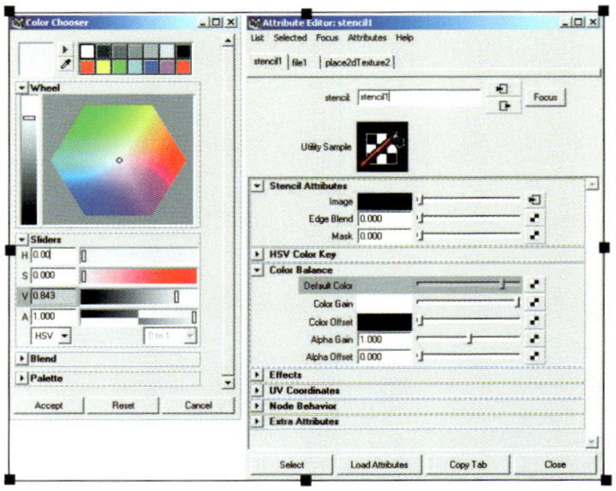

Étape 9

Génération d'un embouti

Pour mettre en évidence la présence du 2 sur la boule, j'ai créé un léger embouti qui donne l'impression que le chiffre est gravé dans la boule. J'utilise en fait la même image que précédemment mais en l'associant au paramètre Bump du matériau (les textures bump n'apparaîtront qu'au rendu). Afin que l'embouti acquiert la même orientation que celle fixée précédemment, j'efface le nœud de placement se trouvant en entrée de la texture et le remplace par celui sur lequel j'avais réglé correctement les paramètres.

Pour cela, il faut cliquer sur l'icône du nœud présentant les paramètres de position, située juste avant la texture, et l'effacer. On fait ensuite un glisser-déposer de l'icône restante, contenant les bons paramètres de placement, sur l'icône représentant la texture du 2. Il faut sélectionner Default dans la liste du menu contextuel qui s'affiche alors.

Le 2 est maintenant également en creux et placé au bon endroit sur la boule.

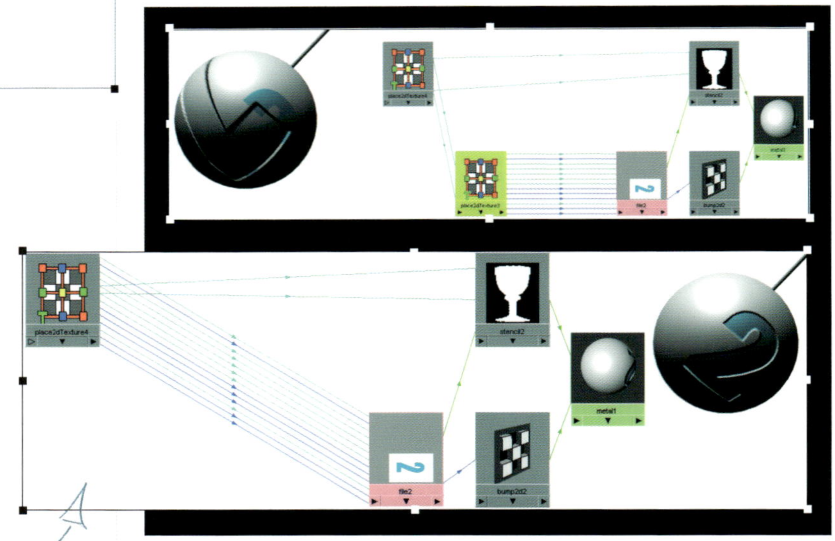

Amélioration de la couleur du 2

Lors du calcul du rendu avec tracé de rayons, le 2 perd de sa couleur dans sa partie non éclairée, car à cet endroit la composante diffuse de l'objet n'a plus aucune influence. En effet, dans ce cas, la couleur de l'objet dépend aussi de la quantité de réflexion qui lui a été autorisée. Ici, on a fixé l'attribut Reflectivity à 1, ce qui signifie une réflexion totale de l'objet. Sa partie non éclairée prend donc, malgré l'absence d'éclairage, les couleurs qui lui sont réfléchies.

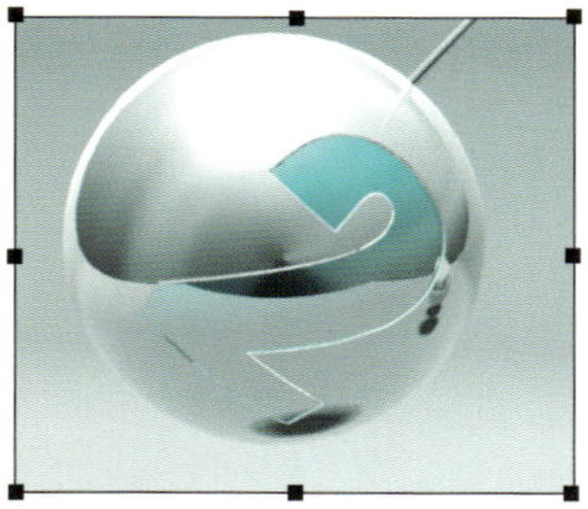

Pour que la boule prenne la couleur du 2 également dans sa partie réflective, il faut connecter la texture sur la couleur que la boule réfléchit, qui n'est donc plus blanche uniforme, mais blanche dans la zone où la texture est blanche, et bleue là où le 2 bleu est contenu. Cela se fait en connectant la composante Stencil sur la composante Specular Color de la matière. ■

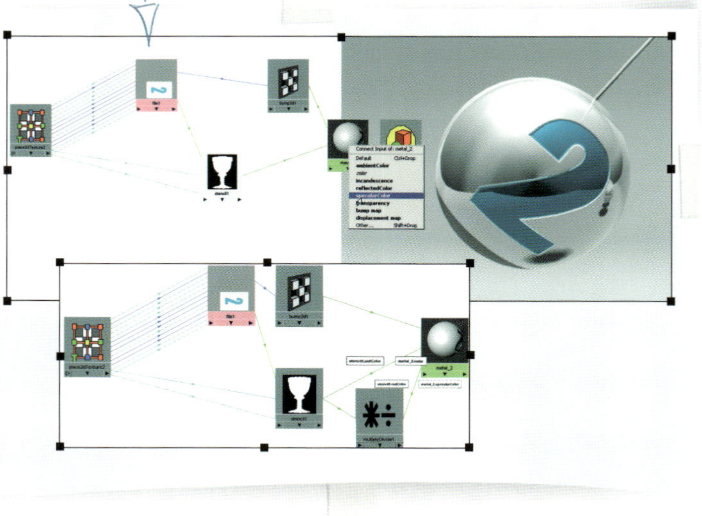

En intercalant de plus un nœud (Multiply/Divide, *on obtient un plus grand contrôle sur la qualité de cette composante.*

Étape 10

Le flou dans le mouvement

Pour donner du dynamisme à cette image fixe, il m'a été demandé d'ajouter une illusion de mouvement, c'est-à-dire du flou dans le mouvement *(motion blur)*.

En image de synthèse, il est nécessaire de reproduire ce phénomène puisque les images sont calculées une par une, et qu'une seconde d'animation est formée d'un certain nombre d'images qui dépendent du support final (en vidéo et en Europe par exemple, 25 images par seconde). Le flou dans le mouvement doit être calculé et ajouté aux images, et le temps nécessaire peut être parfois très grand.

Il peut être calculé de deux manières dans Maya. On peut utiliser une méthode 3D, qui tient compte du flou dans le mouvement jusque dans les réflexions : cette méthode s'avère très proche de la réalité mais requiert un temps de calcul important. On peut aussi recourir à une méthode 2D, plus rapide, fondée sur un artifice et « post-processée » (dont le résultat est ajouté à la fin du calcul par superposition d'une image floue en deux dimensions). Cette dernière méthode donne malgré tout d'excellents résultats qui m'ont suffi pour cette image.

Le flou dans le mouvement est un phénomène naturel que même l'œil peut percevoir. Secouez votre main à un mètre de distance de vos yeux : vous percevrez une trace floue formée par le mouvement de votre main.

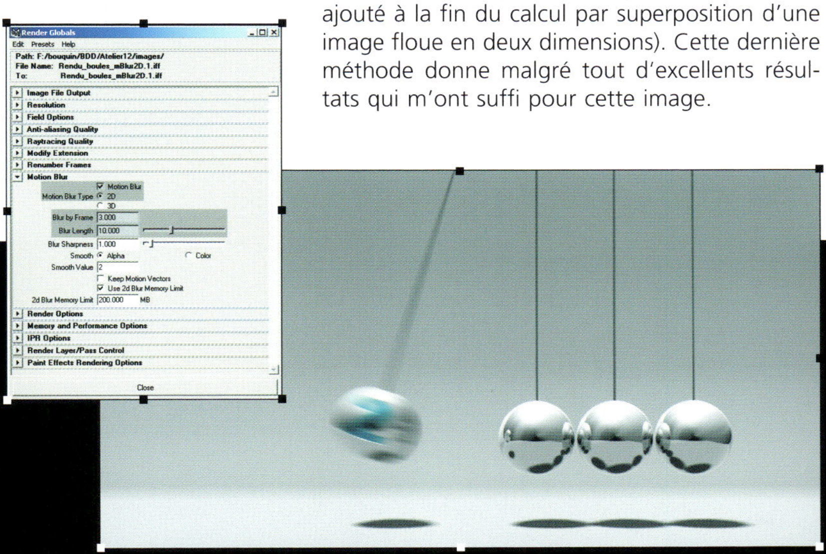

Composition dans Photoshop

Comme le 2 est également flou, j'ai procédé à un rendu séparé et à une composition postérieure dans Photoshop, pour le rendre lisible. L'option Motion Blur dans les Render Globals est donc désactivée. En tracé de rayons, vous ne pouvez pas simplement rendre les objets que vous ne voulez pas voir. Ils doivent exister pour pouvoir produire leurs reflets et les reflets de leurs ombres sur la boule. Pour tous les objets, excepté la boule avec le 2 inscrit et son attache, il faut donc désactiver l'attribut Primary Visibility, tout en maintenant les autres attributs actifs. Les objets feront partie du calcul du rendu mais ne seront pas montrés à l'image.

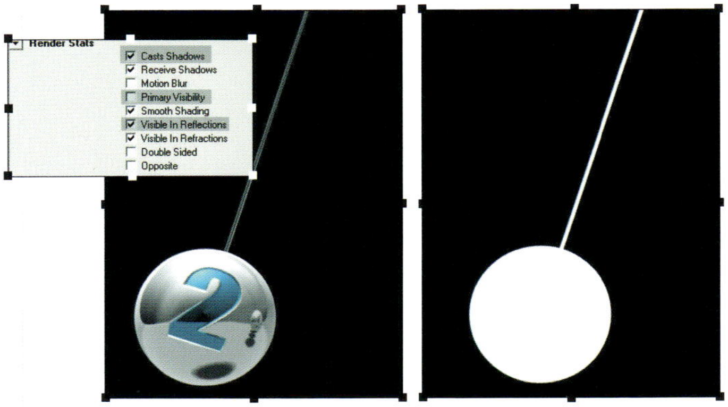

L'image calculée présente un canal alpha qui rend sa composition plus facile par la suite.

Dans un calcul par tracé de rayons, les temps de calcul peuvent être importants et il faut donc optimiser la scène au maximum. Ici, cette image m'a pris au total trois jours : deux pour la mise au point avec le client, et un pour le rendu d'image et les corrections supplémentaires.

atelier 08

LUC PETITOT

Matériel utilisé
- Compatible PC
  Pentium III 450 MHz
  512 Mo de mémoire vive
  Carte graphique OpenGL

Logiciels utilisés
- Photoshop 6.0
- Maya 4.0

Le petit déjeuner oriental

Les anciens peintres classiques comme Vermeer, Van Eyck ou le Caravage pour n'en citer que trois, ont étudié à travers leurs peintures, la lumière, les réflexions et les transparences. Ces grands maîtres ont été inégalés dans leur recherche, et leurs regards d'experts apportent beaucoup, encore aujourd'hui, à tous les imagiers que nous sommes. C'est donc en m'inspirant sans complexes de leurs travaux que j'ai réalisé cette nature morte qui mélange des thèmes repris à chacun de ces peintres. Un voyage récent à Séville où j'ai collecté un grand nombre de documents a complété mon inspiration pour l'image de cet atelier.

Cela a été aussi pour moi l'occasion d'appliquer toutes les techniques de rendu sophistiquées de Maya, et de « me faire la main » sur le plug-in Caustics qui permet d'obtenir des réflexions et des réfractions de grande qualité.

Les époux Arnolfini de Van Eyck (détail)

La Vierge d'Autun de Van Eyck (détail)

Étape 1

Modélisation des objets

Je me suis limité à la modélisation d'objets simples, tous fabriqués par des surfaces Nurbs. La coupe de fruit, la carafe de jus d'orange et le verre sont simplement des objets de révolution réalisés sous Maya, de même qu'une grande partie des éléments pomme, orange, cafetière, tasse et sous-tasse.

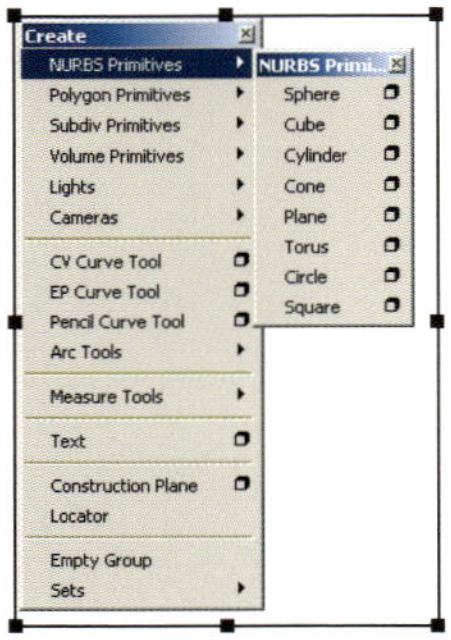

Je me suis limité à la modélisation d'objets simples, tous fabriqués par des surfaces Nurbs

La banane, le bec de la cafetière et l'anse de la tasse, les branches du miroir, et la queue de la pomme découlent de surfaces extrudées, suivant le mode Tube. Ces formes ont ensuite été déformées par leurs points de contrôle, ainsi que par leur Hull (chaque objet est modélisé par une surface qui décrit un volume dans l'espace : le Hull est la coquille formée par la liaison des points de contrôle de cette surface).

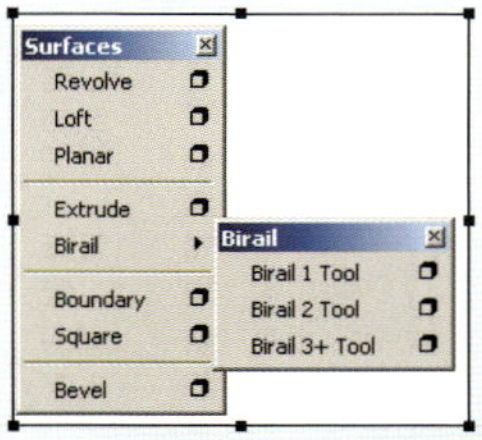

La cuillère est une application de la fonction Birail 1 Tool.

Étape 1

L'assiette, les pains au sésame et la nappe découlent de surfaces Nurbs primitives (Plane, Cylinder et Torus), déformées ensuite par leurs points de contrôle pour l'assiette, et par Artisan (plug-in livré en standard avec Maya, qui permet de sculpter les surfaces comme s'il s'agissait de pâte à modeler) pour les pains au sésame et la nappe. Artisan a été préféré ici en raison des déformations organiques qu'il provoque.

Pour les pains et la nappe, (Artisan a été préféré ici *en raison des déformations organiques qu'il propose.*

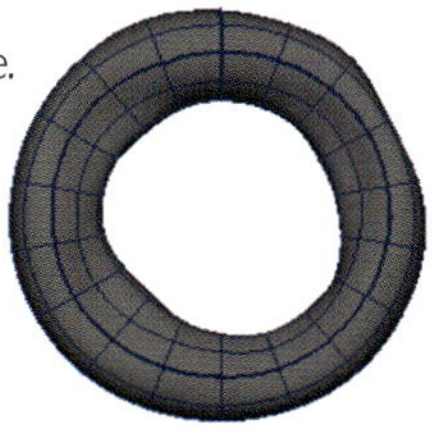

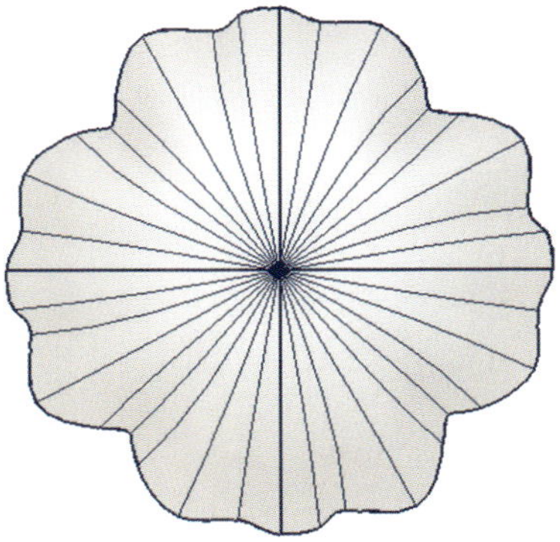

Au lieu d'utiliser Artisan, on aurait pu déformer les surfaces en déplaçant leurs points de contrôle (Control Vertices), mais il aurait été plus difficile d'obtenir l'aspect naturel escompté.

Tracé vectoriel déduit de la sélection

Modélisation de la porte

La modélisation de la porte provient d'une photographie que j'avais prise d'un portail de l'Alcazar à Séville. Les ouvertures de porte ont été effacées pour n'y laisser que des surfaces blanches.
En sélectionnant ces zones avec la baguette magique, on les transforme ensuite en chemin (Path). Ce chemin peut être exporté par Photoshop comme un tracé vectoriel au format Illustrator, format qu'il est possible d'importer dans Maya. La géométrie de la porte est alors ainsi reconstituée en important la courbe obtenue et en lui appliquant ensuite la fonction Planar pour en retirer une surface. L'image de la porte est enfin utilisée comme texture appliquée à cette géométrie. ■

Étape 2

Choix de la résolution

Une image de 10 cm sur 15 cm en 304 ppp donne une résolution de 1795 pixels de large sur 1197 pixels de haut. Ce sont ces valeurs qui sont données aux Render Globals de la scène.

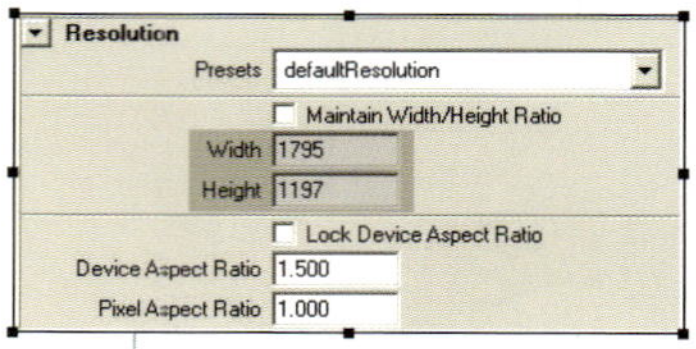

Habituellement, je travaille avec deux caméras de perspective : l'une qui me sert de caméra d'observation, afin de placer correctement tous les éléments ; l'autre que j'utilise comme cadre pour le rendu final de l'image et que je fige pour éviter de la changer par erreur.

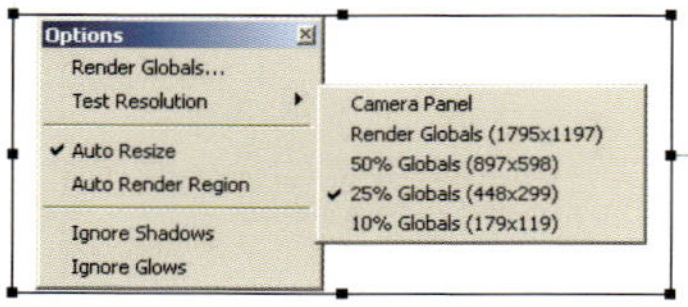

Une fois ces valeurs précisées, les rendus tests ont été faits à des résolutions bien plus basses, car le rendu en tracé de rayons est lent et l'intervention des caustiques ralentit encore plus le calcul. Pour les rendus tests, des résolutions à 25 % et même à 10 % de la taille réelle ont été choisies. Un rendu à la pleine résolution n'a été fait qu'au final et durant la nuit.

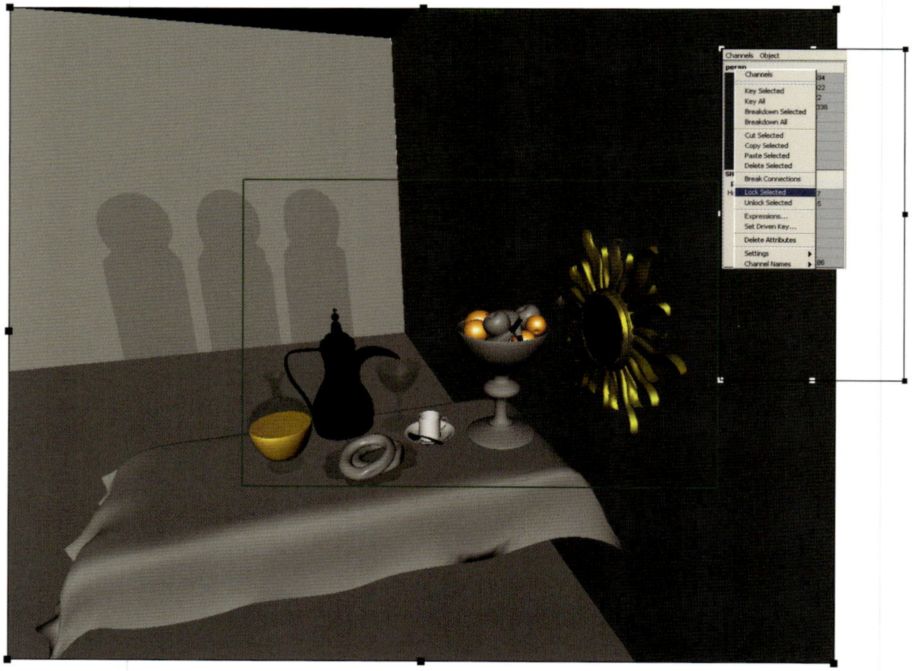

Les rendus tests ont été faits à des (résolutions bien plus basses, *car le rendu en tracé de rayons est lent et l'intervention des caustiques ralentit le calcul.*

Choix du cadre de la caméra

Le cadre a ensuite été déterminé en spécifiant une nouvelle caméra de perspective. Les valeurs de position ont alors été bloquées pour empêcher de modifier ce cadre par erreur. La position des objets sur la table a été décidée de manière à présenter une composition équilibrée. Il fallait aussi que la caméra occupe une position lui permettant de visionner les ouvertures de porte. ■

Étape 3

Textures du décor

La composition de l'image existe par les quelques objets présents aux environs de la table, mais aussi et surtout par les textures utilisées. Normalement, pour obtenir une image de qualité, aux résolutions qui ne permettent pas de voir le pixel, les textures doivent être également de très hautes résolutions. Pour une occupation moindre de la mémoire de mon ordinateur, mon choix s'est porté sur des textures géométriques permettant d'isoler un fragment de résolution basse qui complète la surface par répétition.

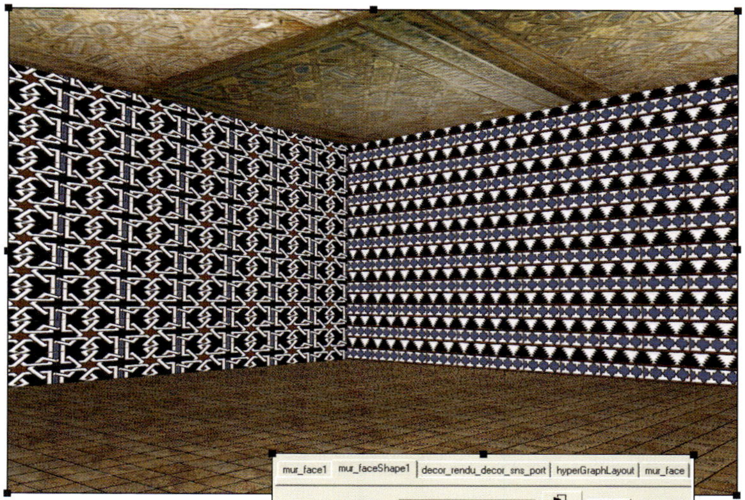

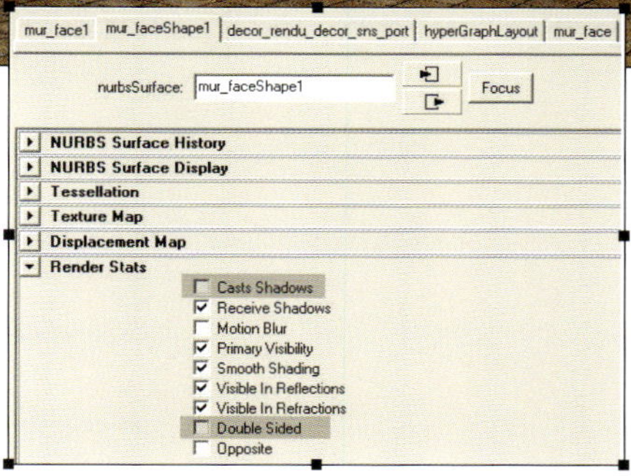

La résolution des textures doit être choisie avec soin. On obtiendra en effet une image de meilleure qualité si celle des textures est proche de la résolution du support final. Ici, l'image est de 10 cm sur 15 cm avec une résolution de 304 ppp, donc au total 1795 sur 1197 pixels. Pour les murs et la nappe, une résolution de 128 x 128 pixels suffit, les textures se répétant au minimum dix fois à l'écran : on arrive bien à une texture d'une dimension proche de la résolution finale souhaitée. Le sol est produit par une image contenant plus de carreaux (pour rendre les irrégularités d'un sol), si bien que j'ai opté pour une résolution de 256 x 256 pixels.

Quant au plafond, grand carré qui n'est reproduit que quatre fois, mais qui s'avère à peine perceptible à travers les réflexions qu'il produit, une résolution de 256 x 256 pixels est là aussi amplement suffisante.

Modélisation du décor

Une image par tracé de rayons demande un décor environnant. Même si ce décor ne sera pas visible, sa présence se fera sentir à travers ses réflexions dans les objets de la table, et surtout dans le miroir déformant. Il est constitué ici très simplement d'un cube en Nurbs, dont l'une des faces est remplacée par la porte. Seules les faces intérieures des murs, du sol et du toit sont rendues visibles (sauf pour la porte, voir étape 4), d'une part pour en rendre la visualisation en mode ombré (*shading*) plus facile, les surfaces extérieures étant transparentes dans ce mode, d'autre part pour alléger les temps de calcul. ■

Étape 4

Application des matières sur les objets

La matière du miroir est très simple à mettre en place. Cette matière n'existe en effet que par les objets qu'elle réfléchit. Sa composante diffuse est donc mise à zéro, sa couleur est noire, et sa réflexion est en revanche mise à une valeur très haute. Ce miroir n'aura donc d'existence que dans un rendu par tracé de rayons.

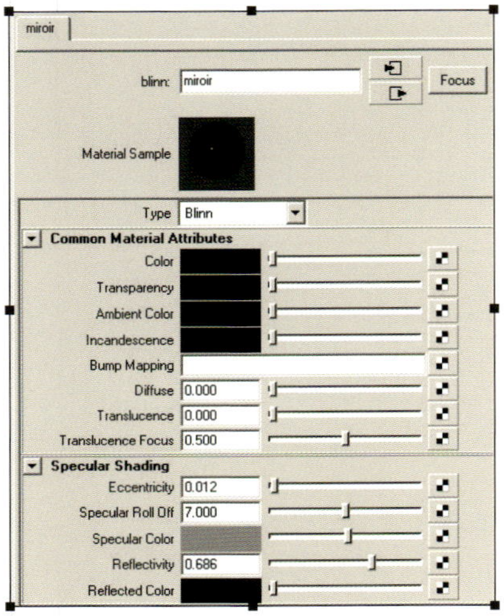

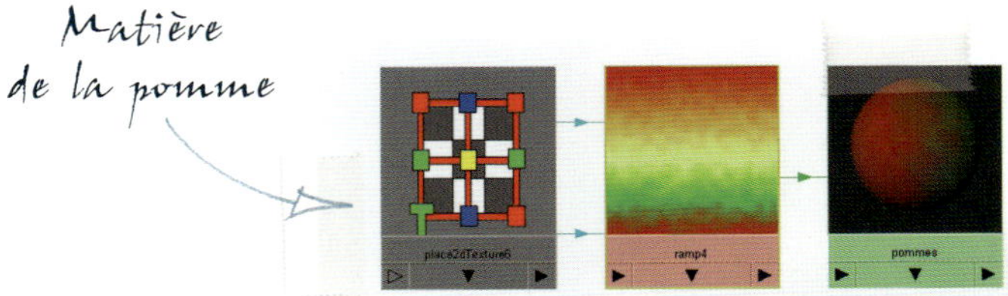

Pour la pomme, une texture rampe (Ramp) a été appliquée sur la couleur du matériau et, pour briser la régularité de cette texture, du bruit y a été ajouté (via les paramètres U Wave, Noise et Noise Freq de la rampe).

Cette texture forme des (alvéoles aux dimensions variables :
ici, elles ont été réglées de manière à présenter un apect semblable à une peau d'orange.

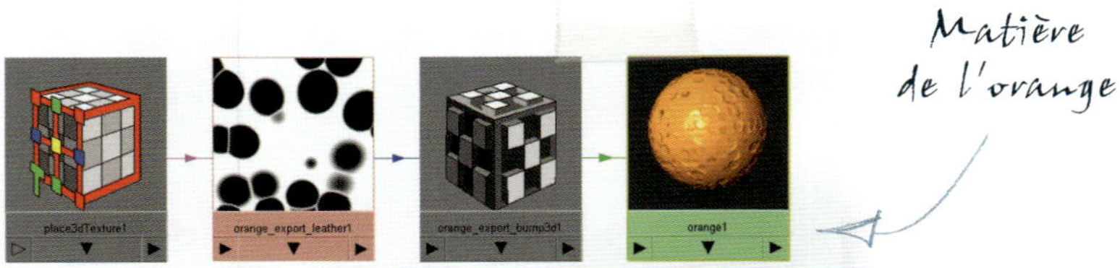

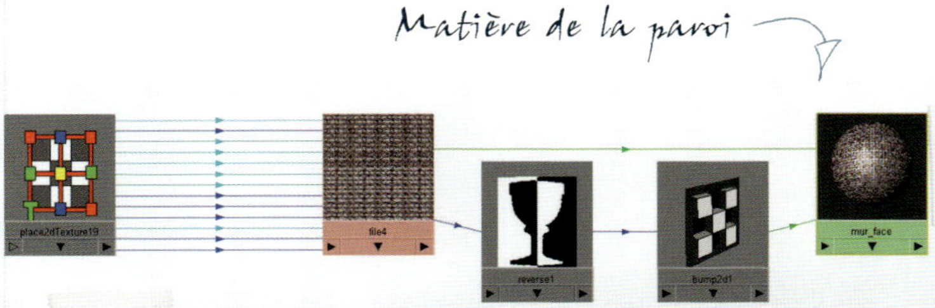

La matière de l'orange est une application de la texture Leather. Cette texture porte bien mal son nom puisqu'elle fait penser qu'elle ne fonctionne que pour le cuir. Or il s'agit d'une texture procédurale, et comme telle, elle est donc paramétrable et peut donner tout autre chose que la matière cuir. Cette texture forme des alvéoles dont les dimensions peuvent varier aléatoirement : ici, elles ont été réglées de manière à présenter un aspect semblable à une peau d'orange. Cet aspect est rendu par l'application de la texture au paramètre Bump de la matière.

Un principe identique a été appliqué aux pains au sésame. Cette fois, c'est la texture Mountain qui a été utilisée. Au lieu de l'employer pour créer des montagnes, j'ai réglé ses paramètres de façon à donner l'impression de grains de sésame répartis sur le pain. Cette texture a été appliquée sur la composante couleur du matériau et sur sa composante Bump.

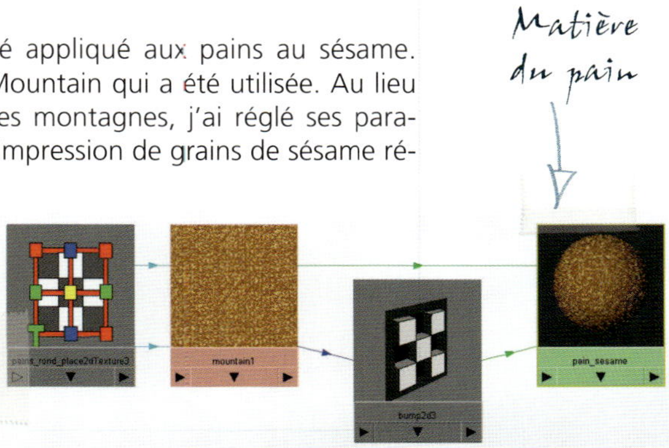

Pour la paroi figurant sur le côté droit de l'image, j'ai scanné l'un des carreaux et l'ai appliqué comme texture de couleur sur le matériau du mur. Pour ajouter un léger effet de volume, cette texture a été également appliquée sur la composante Bump du matériau. Pour que les motifs blancs soient légèrement en creux (le carreau original se présentait comme cela), un nœud Inverse a été inséré entre la texture et la composante Bump du matériau. Les blancs apparaissent alors en creux et les autres couleurs légèrement en volume.

Étape 4

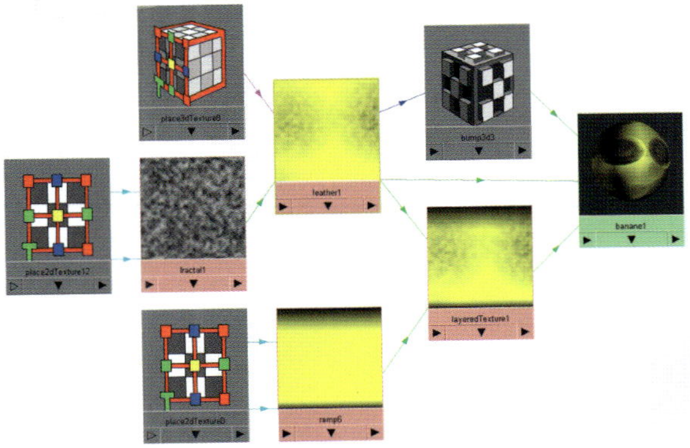

La matière de la coupe de fruits fait intervenir plusieurs textures. Une texture sous forme de ligne noire et blanche a été utilisée pour former les motifs en creux et en volume de la coupe. Mais cette fois-ci, au lieu d'appliquer la texture sur la composante Bump du matériau, je l'ai appliquée sur la composante de texture de déplacement (Displacement Map) du matériau de la coupe. Le Displacement map ne se contente pas de donner une impression visuelle de volume, mais agit aussi sur la géométrie de l'objet. Il est ainsi plus facile de donner l'aspect voulu au modèle que par modélisation.

J'ai également appliqué une texture rampe sur la couleur de la coupe pour donner des variations subtiles de couleur propres aux vieilles coupes en verre de nos grand-mères.

De même, une rampe est appliquée sur la transparence pour donner un pied plus massif et moins transparent que le sommet de la coupe.

Matière de la banane

La matière de la banane est formée d'une combinaison de textures procédurales. Sa couleur principale provient d'une rampe de couleur jaune et noire (pour les extrémités du fruit). Les taches sont réalisées par une texture Leather, dont les alvéoles sont rendues moins linéaires par l'introduction d'une texture fractale sur l'une de ses composantes couleur. La superposition de la couleur principale de la banane et de ses taches est assurée par un nœud Layered Texture qui est ensuite appliqué à la composante couleur de la banane. Les creux produits par les taches dans la banane sont simulés en appliquant directement le nœud Leather sur la composante Bump map de la matière.

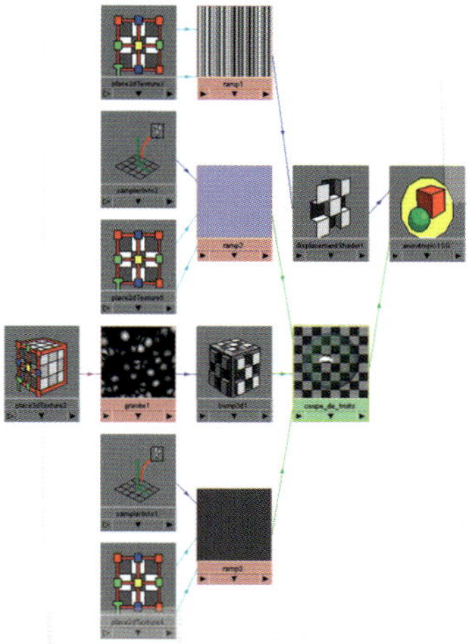

La matière de la coupe de fruits fait intervenir plusieurs textures.

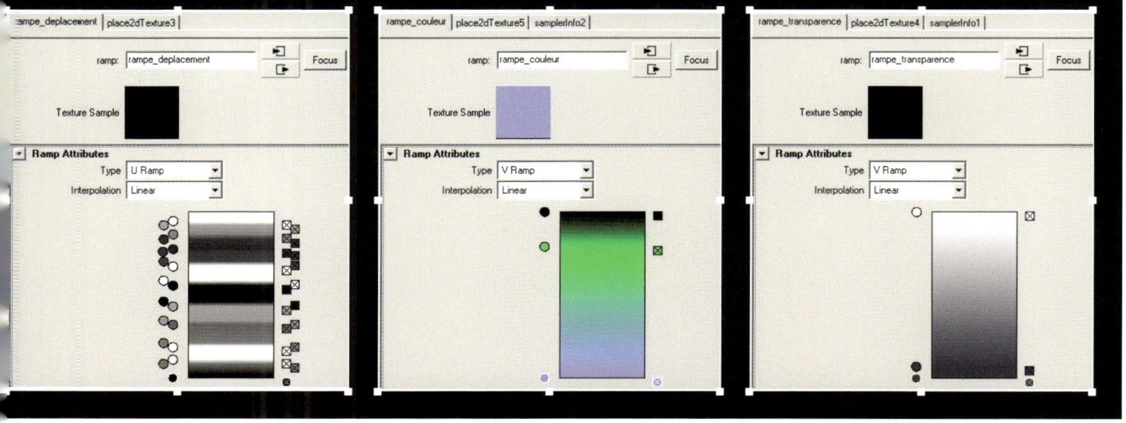

Quelques matières utilisées ici ont été téléchargées sur Internet : soit sur le site d'Alias/Wavefront, soit sur le site www.highend3d.com. Les matériaux de la cafetière et de la cuillère en découlent, de même que l'encadrement et les branches du miroir, dont seule la réflectivité a été abaissée afin de donner l'aspect d'une vieille dorure. ■

Étape 5

Éclairages de la scène

Pour cette image, je souhaitais combiner deux aspects très contradictoires, à savoir une ambiance de plein jour pour l'éclairage de la table et une ambiance de petit matin pour celui de la porte.

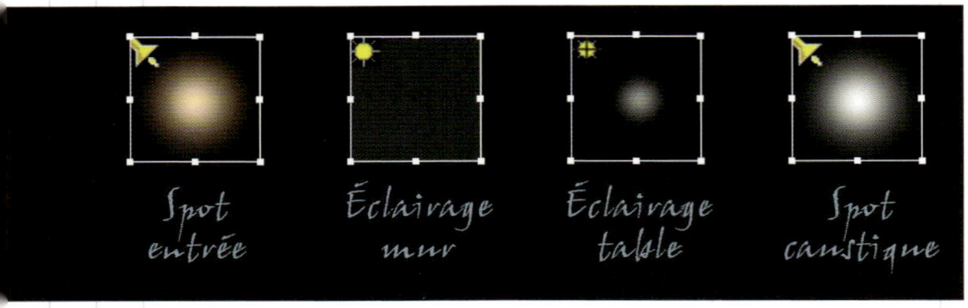

La scène ne contient que quatre éclairages : deux éclairages de type spot, l'un éclairant de l'extérieur, l'autre éclairant la table, un éclairage ambiant éclairant les murs qu'on aperçoit par réflexion dans les objets et surtout dans le miroir, et enfin un éclairage de type ponctuel renforçant l'éclairage du mur où est fixé le miroir concave.

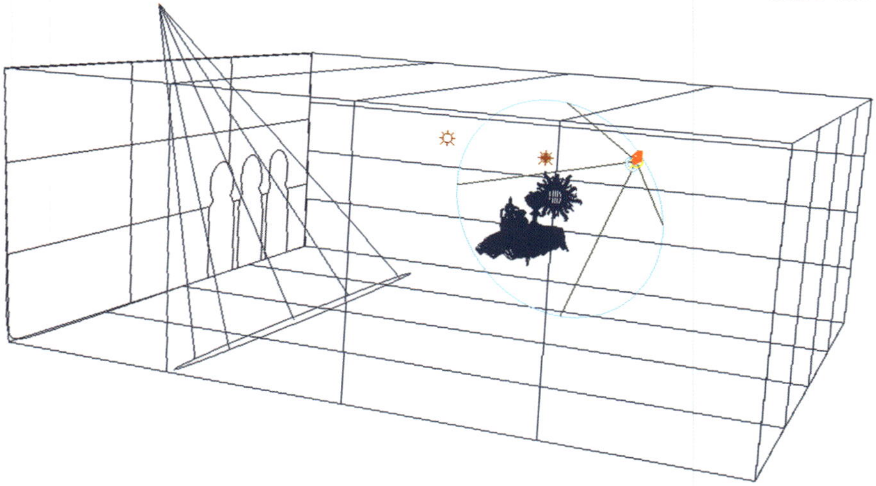

Génération de la brume extérieure

Pour donner l'effet de rayons lumineux, il faut rajouter dans l'atmosphère des particules illuminées par l'éclairage. Ces particules peuvent être des poussières, des gouttes d'eau ou encore de la fumée.

Le nombre des éclairages à placer dans la scène résulte d'une démarche progressive. En effet, les éclairages ne sont jamais placés tous en même temps dans une scène : il est préférable d'étudier l'effet de chaque éclairage indépendamment des autres pour mieux observer leur effet et intervenir sur leur réglage. Pour le réglage de la brume matinale, j'ai ainsi désactivé tout les autres éclairages ne laissant que l'éclairage extérieur allumé. Une teinte jaune orangée lui a été donnée pour donner l'impression de l'aube naissante. Comme il est placé derrière la porte, celle-ci doit être « visible » vis-à-vis de l'éclairage sur les deux faces contrairement aux autres parois du décor. En effet, pour que l'éclairage passe par la porte mais soit interrompu par les murs, il faut que la paroi apparaisse visible à l'éclairage.

En cinéma, l'effet de brume est produit en générant du brouillard artificiel ou en demandant aux acteurs de fumer. En image de synthèse, le phénomène est reproduit en associant du brouillard à l'éclairage.

La scène ne contient que quatre (éclairages : **deux éclairages** *de type spot, un éclairage ambiant et enfin un éclairage de type ponctuel.*

Étape 5

Affinement de l'éclairage général

Si la scène n'était illuminée que par les deux éclairages spots, une partie du décor resterait dans la pénombre. Une manière d'obtenir un décor suffisamment éclairé est d'ajouter un éclairage ambiant, car ce type d'éclairage n'ajoute pas de réflexion sur les objets et se contente de rehausser le niveau général de l'éclairage de la scène.

Le mur supportant le miroir contient des carreaux qui possèdent un léger relief simulé par l'ajout d'une texture Bump. Pour souligner ce volume et augmenter le niveau d'éclairage de ce mur, un éclairage ponctuel a été ajouté à proximité du mur pour qu'il accentue légèrement le volume des carreaux. Pour souligner une texture Bump, on ne peut en effet se contenter d'un éclairage ambiant qui n'aura aucune action sur ce type de texture. ■

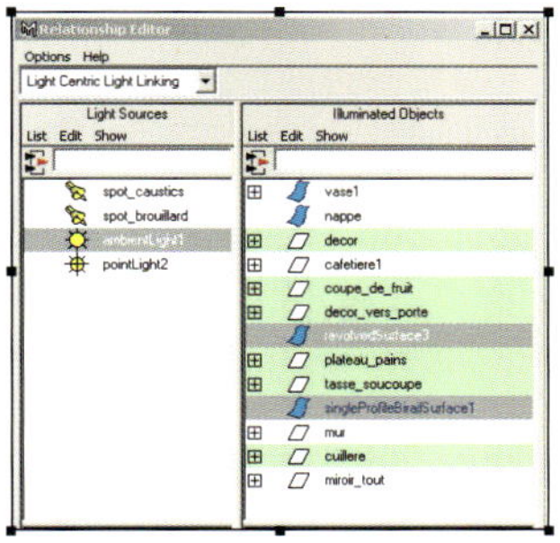

Il est possible (d'exclure **certains objets de l'influence d'éclairages.**

Cette possibilité, qui n'existe évidemment pas dans le monde réel, s'avère bien pratique sous Maya !

Ensuite, il faut activer les ombres pour donner l'impression de rayons lumineux. Si les ombres ne sont pas activées, le rayon lumineux va traverser la paroi sans interruption. Pour cet éclairage, j'ai choisi de créer les ombres par la méthode de texture de profondeur (Depth Map Shadow). Les textures de profondeur donnent en effet de très bons résultats pour les ombres et sont en outre beaucoup plus rapides à calculer que les ombres générées par tracé de rayons. Pour régler l'effet de l'éclairage, j'ai opté pour une vue montrant les portes en trois-quart.

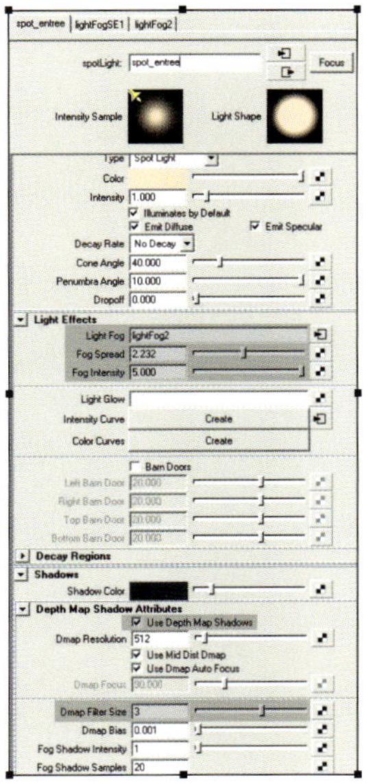

Ajouter des éclairages peut améliorer l'éclairage de certaines zones, mais aussi en dégrader d'autres. Il est en effet parfois difficile de régler l'éclairage d'une scène avec toutes les lumières présentes. Heureusement, il est toujours possible d'exclure certains objets de l'influence d'éclairages. Cette possibilité, qui n'existe évidemment pas dans le monde réel, s'avère bien pratique sous Maya !

Étape 6

Application de caustiques

Les caustiques sont appliquées dans Maya par un plug-in distribué gratuitement via leur site. Après installation du plug-in, les éclairages présentent un onglet Caustics supplémentaire dans leurs attributs. L'ouverture de cet onglet permet d'afficher des paramètres relatifs aux caustiques. Pour associer des caustiques à l'éclairage courant, il faut activer l'option Enable Caustics on this Light. Un menu s'ouvre alors pour vous donner le choix du ou des objets qui doivent renvoyer les rayons lumineux.

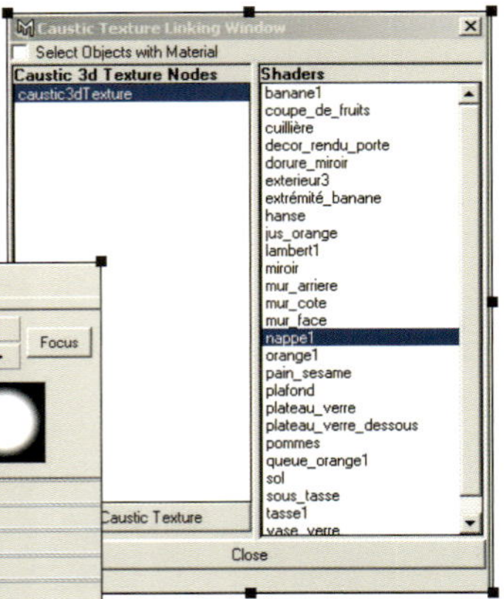

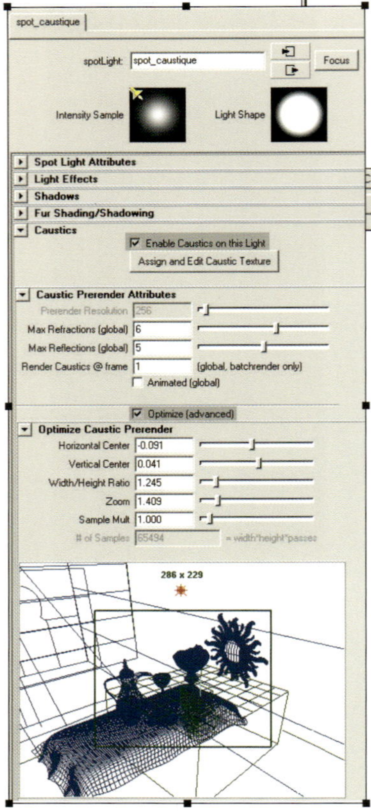

Ici, le choix se portait tout naturellement sur la nappe, sur laquelle les rayons lumineux tomberont après réflexion ou réfraction des objets posés dessus. J'ai laissé tous les paramètres par défaut, mais j'ai en revanche activé l'option Optimize (advanced) qui ouvre une fenêtre de visualisation. Cette fenêtre permet de restreindre la fenêtre de calcul de la Caustic map, sans pour cela modifier l'angle d'ouverture du spot à laquelle elle est associée, cela pour des raisons d'optimisation uniquement.

Associer des caustiques à l'éclairage courant.

Quand une caustique est associée à un éclairage, une image est calculée une première fois. Cette image contient les informations liées aux caustiques associées à l'éclairage. Cette texture, appelée texture photon (photon map), sera ensuite utilisée pour le calcul du rendu final. ■

Pour associer des (caustiques **à l'éclairage courant,**

il faut activer l'option Enable Caustics on this Light.

> Mon vieux Larousse donne la définition suivante de caustique : « Physiq. Caustique par réflexion ou par réfraction, courbe qui enveloppe des rayons lumineux réfléchis par un miroir concave, ou réfractés, ces courbes provenant d'un point lumineux ». Une autre définition est celle de Jeremy Birn, l'un des spécialistes du rendu : « Les caustiques calculent les rayons lumineux qui partent de la source lumineuse (comme les éclairages réels), qui peuvent être réfléchis par les objets ou un miroir, réfractés ou concentrés par une lentille, simulant précisément le chemin que suit un éclairage réel dans une scène. »

Étape 7

Combinaison avec Photoshop

Il est très difficile de combiner tous les aspects voulus dans un seul rendu. En effet, il est quasiment impossible, en jouant sur les éclairages, d'obtenir une vision du décor extérieur mais également la fumée qui souligne les rayons lumineux, les ombres des arcades et une table éclairée comme en plein jour ! Comme il s'agit ici d'image fixe, il est plus facile de faire deux rendus séparés pour en retirer deux images : une première image contenant tous les éléments et où on fait intervenir le rendu par tracé de rayons, et une deuxième image sans la table et ses objets, mais dans laquelle l'ambiance de brouillard est accentuée. Le rendu de cette seconde image peut se faire sans le tracé de rayons, ce qui accélère le calcul.

Première image

Images combinées

Les deux images sont ensuite combinées dans Photoshop à une troisième qui est la photo d'un palais sévillan, et qui apparaît en arrière-plan suivant la découpe des portes.

Deuxième image

L'image obtenue par tracé de rayons est alors détourée pour permettre d'isoler les éléments présents sur la table et de décrire deux zones pour le mur droit. J'ai choisi un contour progressif de 2 pixels pour rendre la division moins franche. La deuxième image calculée sans tracé de rayons est alors superposée avec une transparence de 67 % dans la zone restante. J'ai de même détouré les ouvertures de porte pour renforcer l'image visible par ces ouvertures avec une transparence d'environ 20 %. ■

*Si la peinture part d'une bonne
observation des phénomènes naturels,
l'image de synthèse demande
une compréhension de ces phénomènes
pour les retraduire en image.
Le graphiste doit en effet
combiner sa vision avec les outils
qui lui sont délivrés pour
fournir une image qui plaise.*

atelier 09

FRANÇOIS **RIMASSON**

Matériel utilisé

- Compatible PC
  Pentium II 350 MHz
  256 Mo de mémoire vive

Logiciels utilisés

- Maya 2.5
- Photoshop 5

Ebony

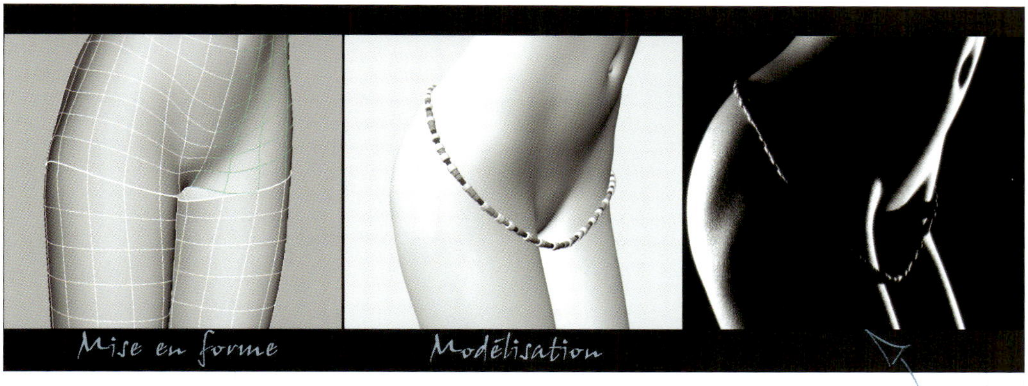

Image finale

Ebony fait partie d'une série d'images que j'ai réalisées en 2000 autour d'un thème central : le nu féminin. Réaliser un nu en 3D à partir d'un modèle vivant, de photos et de dessins m'a conduit à étudier l'anatomie avec soin. J'ai pu m'attarder sur des détails aussi simples que le roulement d'un muscle sous la peau, l'apparition d'une ride, ou le jeu de la lumière sur un corps. Cela m'a également permis de concevoir des méthodes de travail (relativement) simples et efficaces pour tenter de reproduire ce que j'avais appris.
Nous ne pousserons pas ici la technique extrêmement loin, mais nous y verrons l'essentiel, à savoir des méthodes simples de modélisation, de *skinning*, les bases du rendu, et quelques pistes que vous pourrez explorer par vous-même pour ajouter plus de réalisme et de finesse à votre travail.

J'ai pris le temps de comprendre (comment **un corps humain** *était construit, comment tout cela s'organisait et bougeait en harmonie.*

Étape 1

Soyons un peu méthodiques

Si vous ne dessinez pas très bien, vous pouvez tout simplement prendre votre appareil photo et photographier quelqu'un que vous connaissez.

La première chose à faire lorsqu'on commence à travailler l'anatomie est d'utiliser des références. Que ce soient des photos, des dessins, cela vous aidera à mieux suivre, à mieux respecter le modèle sur lequel vous allez travailler.

Ouvrez Photoshop, importer l'une de vos vues, et superposez la seconde sur un autre calque, en jouant sur la transparence. Il faut ensuite redimensionner l'un des calques afin que les deux aient la même taille et qu'ils se superposent. Quand c'est fait, sauvez vos calques dans des fichiers séparés.

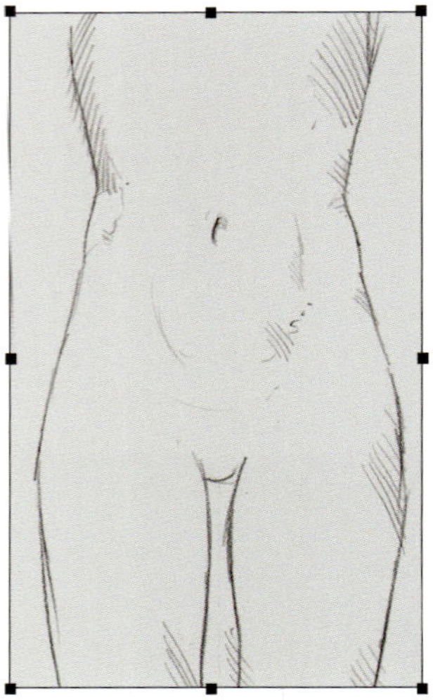

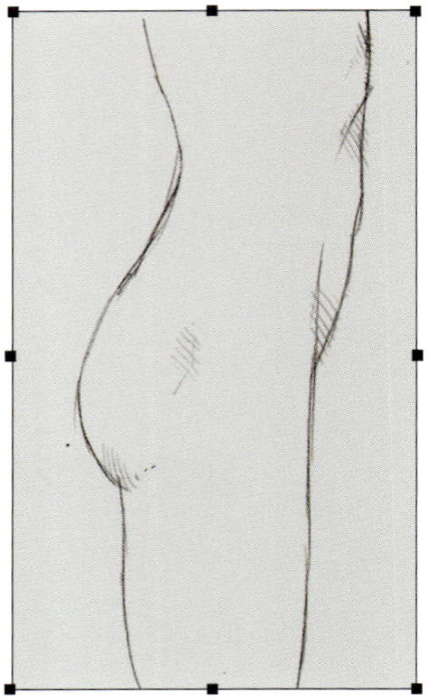

Il se peut que sur certains ordinateurs l'utilisation d'Image Planes soit lente et fastidieuse. Si c'est le cas, utilisez la solution de secours : des images plaquées sur des plaques. Créez deux surfaces Nurbs, et tournez-les à 90°. N'oubliez pas de vérifier que le ratio hauteur/largeur des Planes est le même que celui de vos images, puis assignez-leur vos images de référence.

La première chose à faire lorsqu'on commence à (travailler **l'anatomie** *est d'utiliser des références.*

Pour finir, créez un *layer* et assignez-lui les deux Planes. De cette manière, vous pourrez cacher vos objets plus facilement et empêcher leur sélection intempestive.

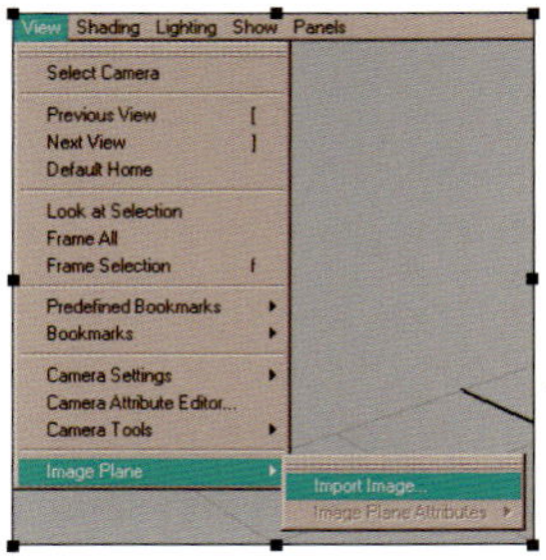

Créez dans Maya deux Image Planes qui serviront de support à vos images de référence : un pour la vue de face et un pour la vue de profil. Pour la vue de face, allez dans son menu : View>Image Plane>Import Image, puis choisissez le fichier voulu. Faites la même chose pour la vue de profil.

Ne vous déplacez pas dans vos fenêtres : lorsque vous importez vos images, elles se calent automatiquement par rapport à la vue, d'où l'intérêt de les aligner dans Photoshop avant !

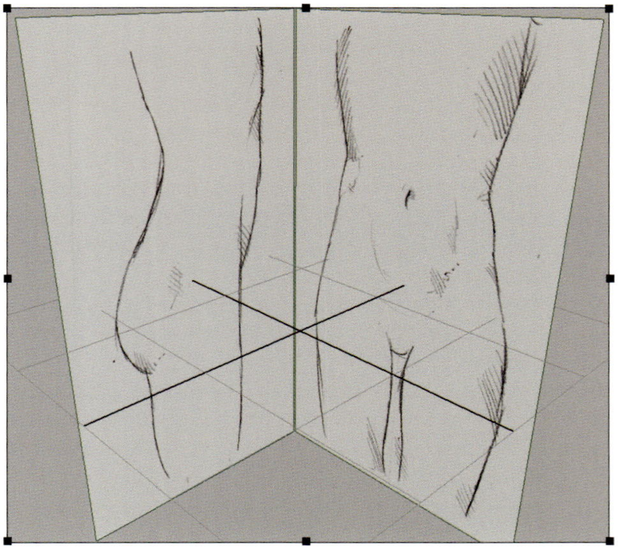

Étape 2

Tout commence par des courbes

Un corps humain étant relativement symétrique, nous allons également travailler de cette manière.
Pour commencer la modélisation du torse, tracez dans la vue de côté les courbes 1 et 2 correspondant à son profil. Mettez-vous maintenant dans la vue Perspective, le plus possible à la verticale des deux courbes. Activez les icônes Snap to view planes et Snap to curves. Vous pouvez alors tracer les courbes 3 et 4 qui vont servir à délimiter le corps.

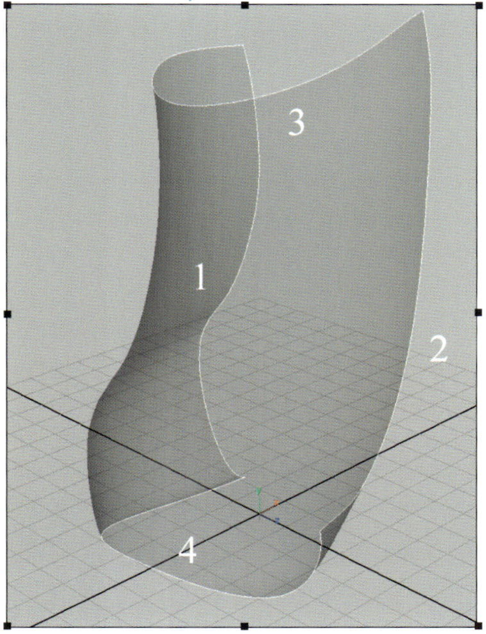

Attention, toutes les courbes doivent nécessairement se toucher à leurs extrémités, sinon vous ne pourrez pas créer de surfaces par la suite.

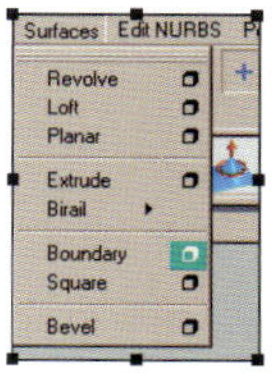

Vous allez maintenant créer la surface correspondante. Sélectionnez les quatre courbes et appliquez-leur l'outil Surface>Boundary.

Pour corriger la forme de la surface, il suffit de modifier les courbes. N'oubliez pas que vous pouvez désactiver momentanément la sélection des surfaces, à l'aide des icônes, tout en haut de l'écran.

Reconstruisez le résultat (qui ne doit pas être très propre) avec l'outil Rebuild Surface en mode Uniform, avec 5 Spans en U et 4 Spans en V. Pour finir, effacez l'historique : Edit>Delete by Type>History. ■

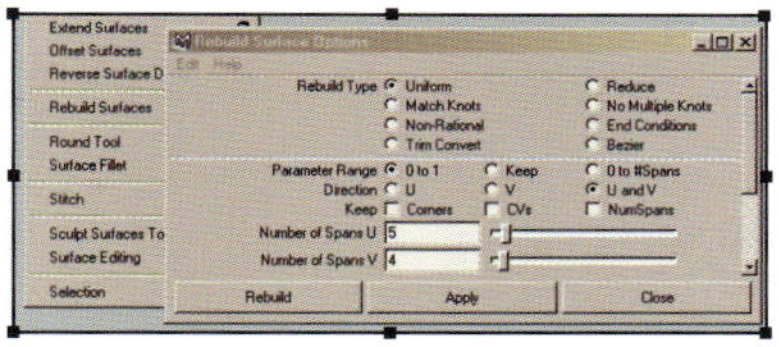

La jambe sera créée à partir d'un simple cylindre Nurbs que vous déformerez. Groupez la jambe et le corps, dupliquez le tout en instance avec une échelle en Z à –1.

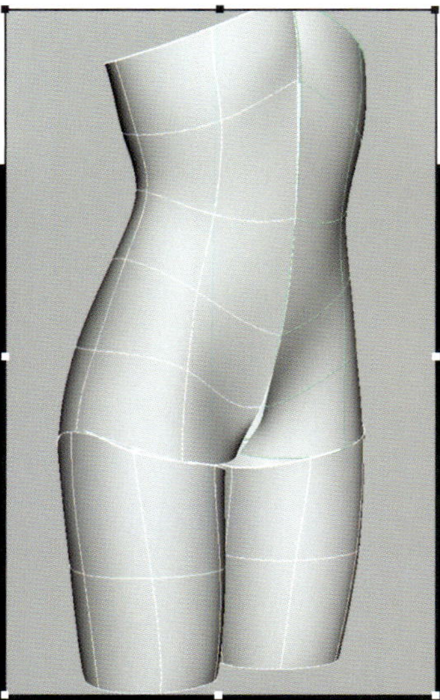

Étape 3

(Re) mise en forme

Vous pouvez maintenant commencer à donner à votre modèle une forme un peu plus féminine. La forme que vous aviez créée au départ étant très simple, vous ne pourrez pas pousser énormément les détails ; pour cela, il va falloir reconstruire les surfaces (Rebuild Surfaces), toujours en mode Uniform en augmentant le nombre de Spans en U et V. Mettez les valeurs à respectivement 11 et 6 pour la jambe, et 10 et 14 pour le corps.

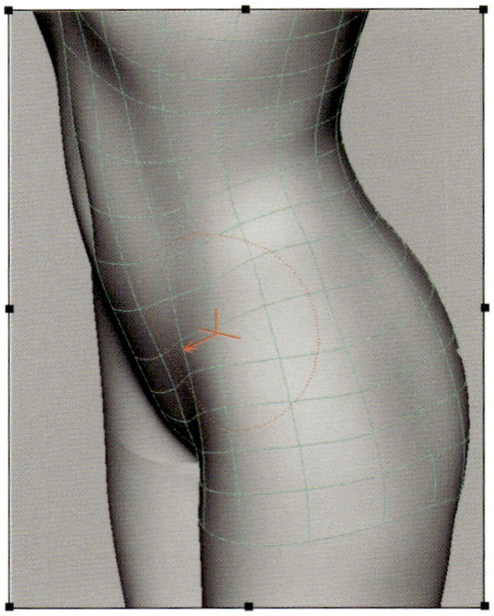

Vous pourrez également utiliser Artisan, un outil qui vous permettra littéralement de sculpter votre objet et d'en affiner les détails dès que votre surface aura une définition suffisamment importante (Edit Nurbs>Sculpt Surface Tool). Si vous possédez une tablette graphique, elle vous sera très utile, profitez-en.

Travailler avec des surfaces Nurbs a des avantages (et aussi des inconvénients) : outre leur rapidité de manipulation, elles peuvent être reconstruites à volonté pour augmenter ou diminuer leur résolution. Un outil méconnu pour les travailler est l'outil Surface Editing Tool (Edit Nurbs>Surface Editing>Surface Editing Tool), qui permet de manipuler directement la surface sans se préoccuper des points de contrôle.

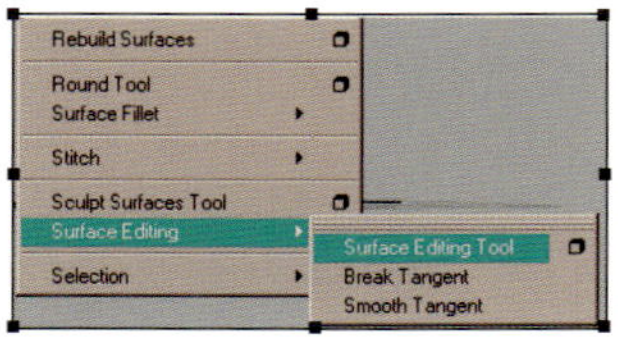

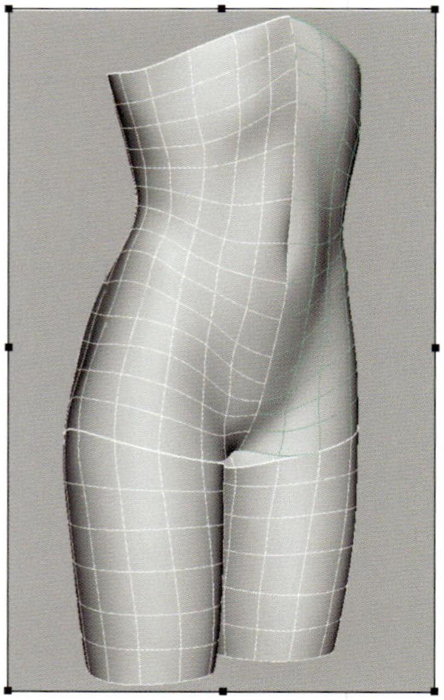

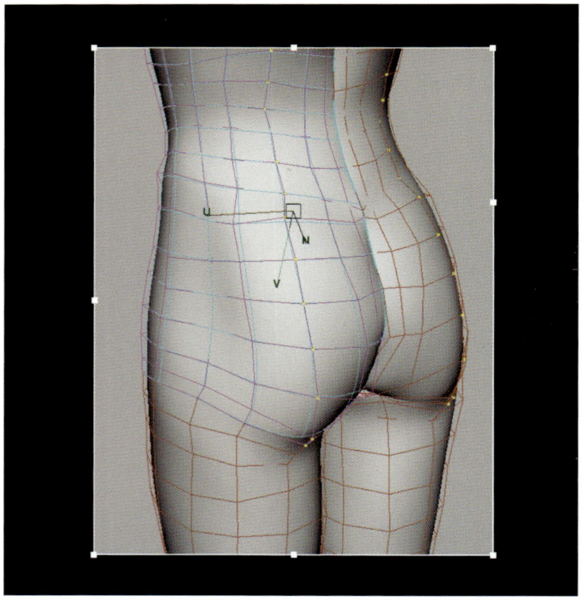

Si les Isoparms – les courbes qui définissent votre surface – de la jambe et du torse ne coïncident pas, pas de panique ! Vous pourrez insérer des Isoparms sur l'une des surfaces s'il vous en manque (Edit Nurbs>Insert Isoparm), puis pour les faire coïncider, rien de mieux que de sélectionner directement un Hull – une ligne reliant tous les CV, c'est-à-dire les points de contrôle de la surface – et de le déplacer en mode Normal, en U ou en V.

Travailler avec (des surfaces Nurbs **a des avantages** *et aussi des inconvénients.*

Étape 4

La conversion

Comme nous ne travaillons pas sur le prochain épisode de *Star Wars*, continuer avec des surfaces en Nurbs n'apportera rien de plus. Il va maintenant falloir convertir tout cela en polygones : effacez la moitié du corps, sélectionnez le reste, puis sélectionnez Modify>Convert>Nurbs to Polygons en utilisant le mode Control Points. Réunissez le corps et la jambe (Polygons>Combine), soudez la jambe au corps en sélectionnant les Edges qui sont sur le bord et en activant Edit Polygons>Merge Multiple Edges.

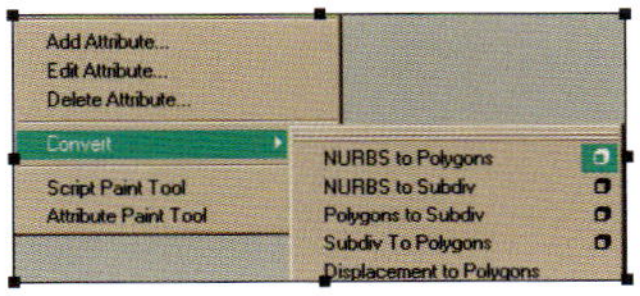

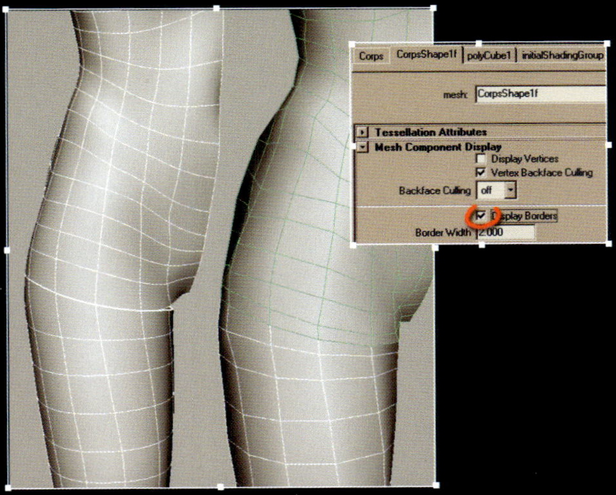

Pour rendre visible les Edges non encore soudés qui se trouvent sur le bord d'une surface, il suffit de cocher la case Display Borders dans les attributs de visibilité de l'objet.

Voilà, nous avons presque fini. Il reste encore à rajouter des faces à l'entrejambe, à détailler un peu plus le nombril à l'aide de l'outil Split Polygon Tool, puis à dupliquer notre moitié de corps et à souder une fois de plus le tout.

Je ne peux que vous conseiller d'utiliser une documentation fournie. Des photos avec une lumière contrastée ou rasante vous aideront à mieux distinguer l'anatomie du sujet, et pour la reproduire, rien de tel que de commencer par recréer rapidement dans Maya le même type d'éclairage avec quelques spots. Cela va vous permettre ainsi de comparer ce que vous faites, et de mieux cerner les problèmes.

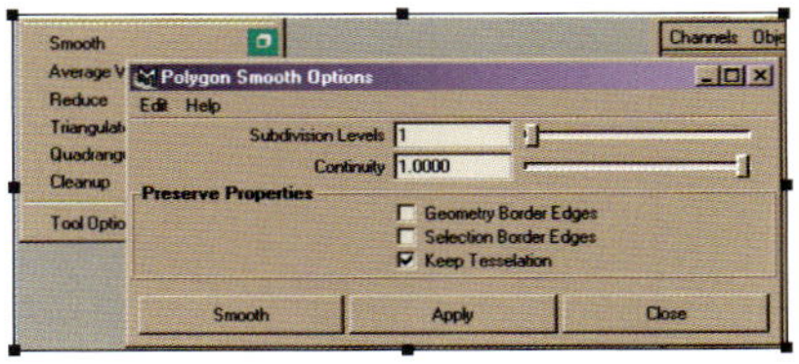

Durant cette étape, n'oubliez pas le modelé des fesses, du ventre et du décrochage de la cage thoracique : c'est ce qui donnera tout son réalisme à l'image finale. Dupliquez ensuite votre modèle avec une échelle en Z à –1, combinez les deux parties, puis soudez-les. Il ne reste plus qu'à retrouver le lissage que nous avions lorsque nous travaillions en Nurbs : pour cela, sélectionnez Polygons>Smooth, avec simplement un lissage à 1 pour voir le résultat.

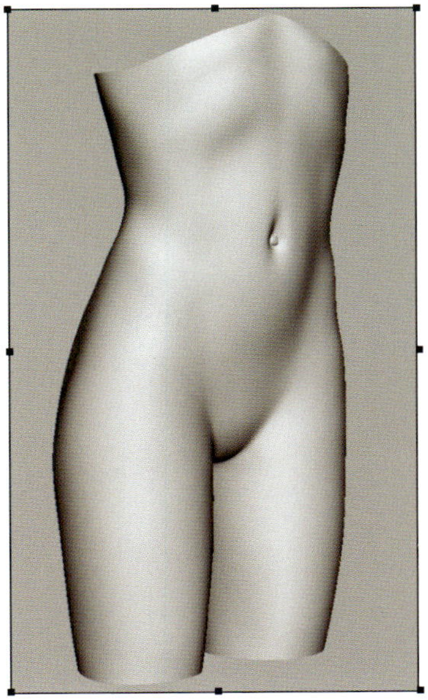

Attention, il faudra toujours lisser votre modèle en dernier, si vous voulez travailler proprement. Comme nous n'avons pas encore fini : Undo !

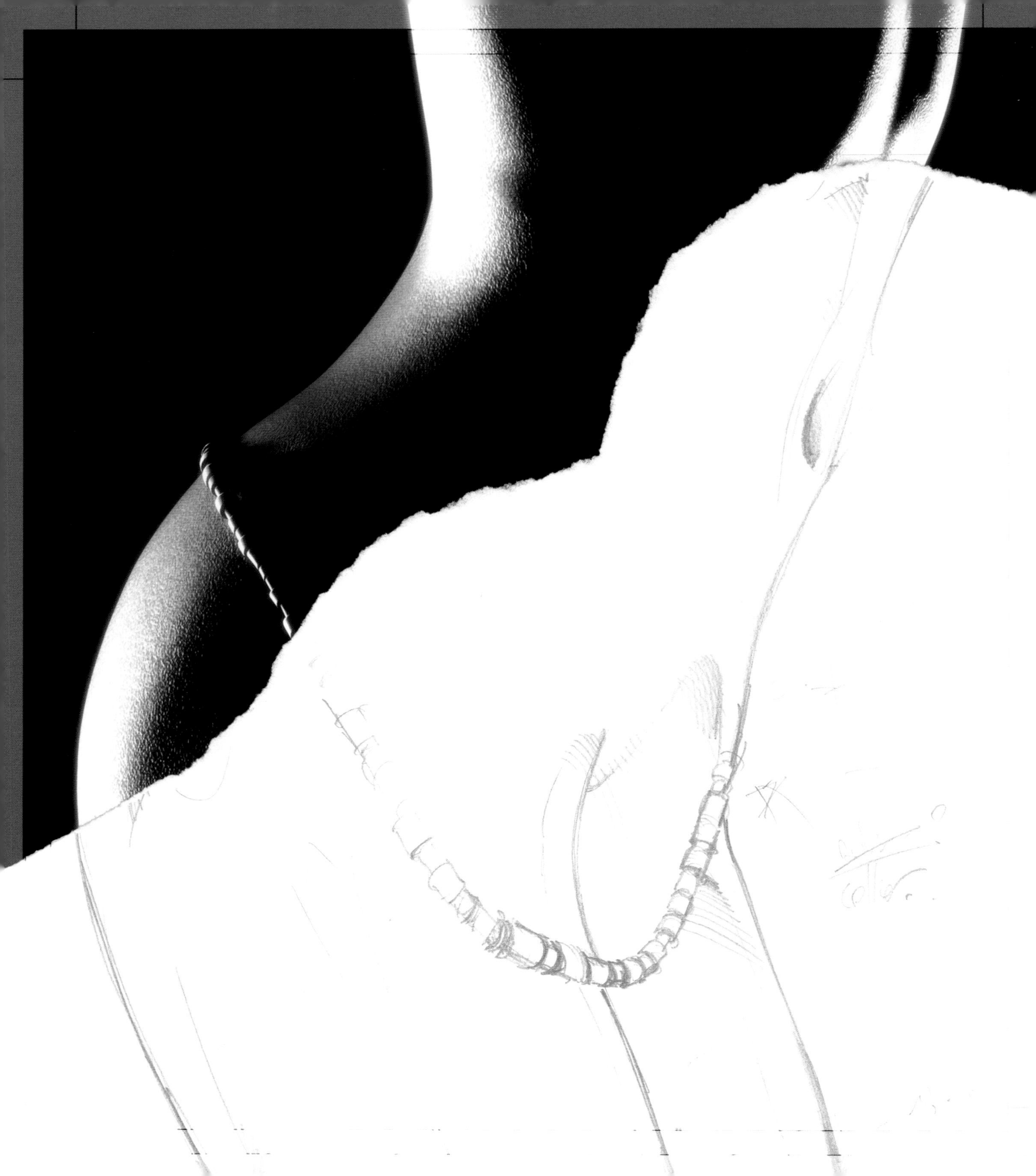

Étape 5

Le collier

Ce collier peut être créé de façon très simple, à partir de cylindres biseautés, de taille et de couleur différentes, qu'on duplique et combine ensemble. Il est d'abord créé en ligne droite, puis sera déformé pour suivre les hanches.

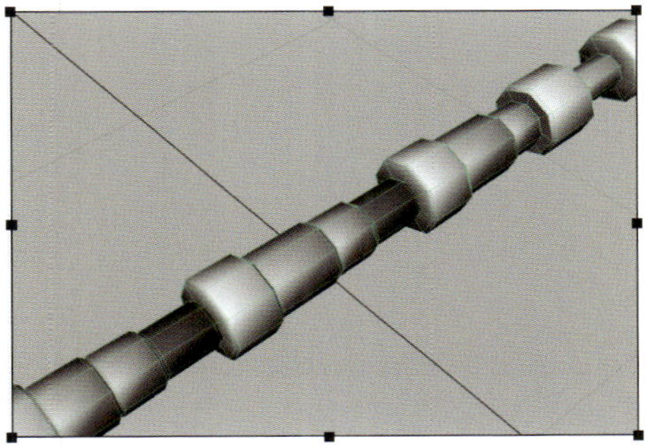

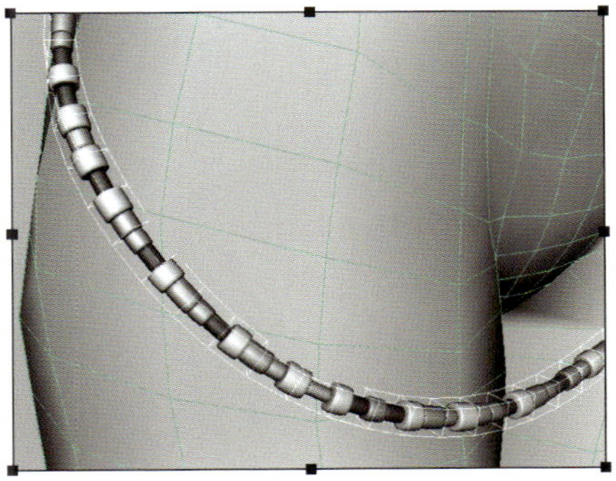

Une fois le collier créé, sélectionnez le corps et passez-le en mode Live (la petite icône en forme d'aimant, tout en haut de l'écran). Dessinez alors directement sur le corps une courbe Nurbs tombant sur les reins de notre modèle. Fermez cette courbe (Open Close Curves), sortez du mode Live, faites un léger *offset* de la courbe afin qu'elle soit légèrement décollée du modèle (Offset Curve), et effacez la courbe originale.

Lorsque j'ai conçu ce modèle, j'ai rajouté le collier autour de la taille après coup. C'était une erreur, et nous n'allons pas faire la même chose...

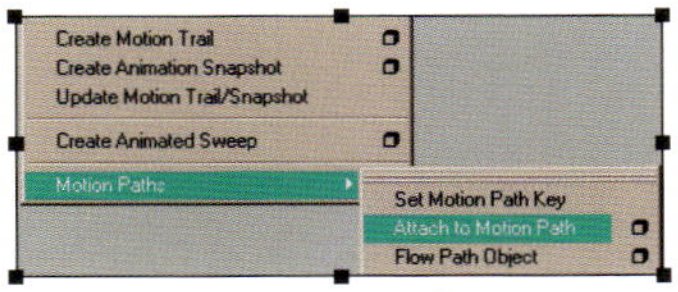

Sélectionnez ensuite le collier, puis la courbe que vous venez de créer, et appliquez-leur l'outil Animate>Motion Paths>Attach to Motion Paths.

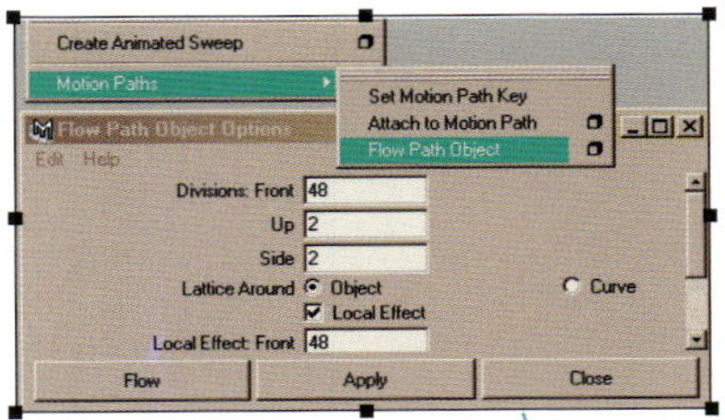

Ouvrez l'Attribut Editor, allez à l'onglet MotionPath1, et « cassez » la connexion du paramètre U Value (bouton droit de la souris, Break Connection), afin de pouvoir régler directement la position du collier le long de la courbe plus tard. Appliquez ensuite au collier sélectionné Animate>Motion Paths>Flow Path Object. ■

Pour finir, mettez la valeur de Divisions Front à 48, et cochez la case Lattice Around Object. Puis réglez la position du collier autour de la taille en faisant varier le paramètre U Value.

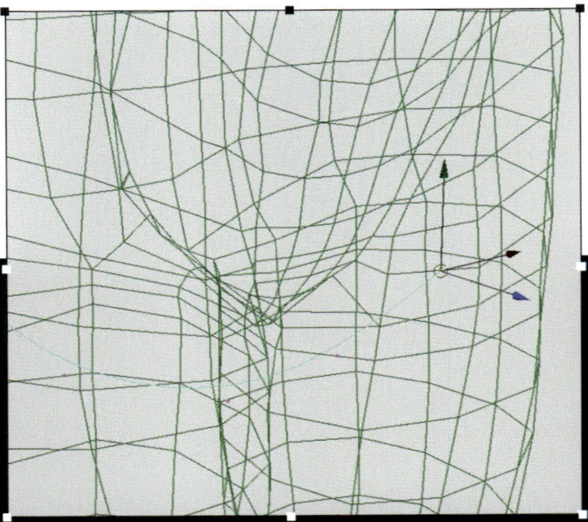

Étape 6

Prenez la pose

Votre modèle n'étant pas tout à fait dans la bonne pose, il va falloir y remédier en lui greffant un squelette, puis en utilisant ce squelette pour déformer le modèle : c'est la phase de *skinning*.

Dans la vue de profil, tracez trois Bones partant du coccyx et simulant la colonne vertébrale ; créez un autre Bone au niveau des genoux ; en appuyant sur Shift, sélectionnez le reste du squelette, et appuyez sur P pour que tous les Bones soient dans une même hiérarchie.

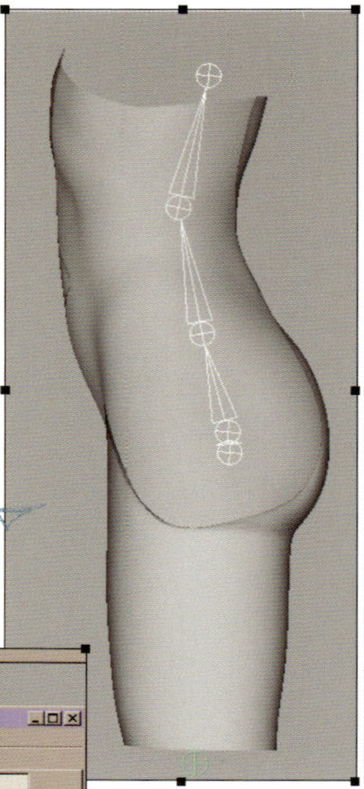

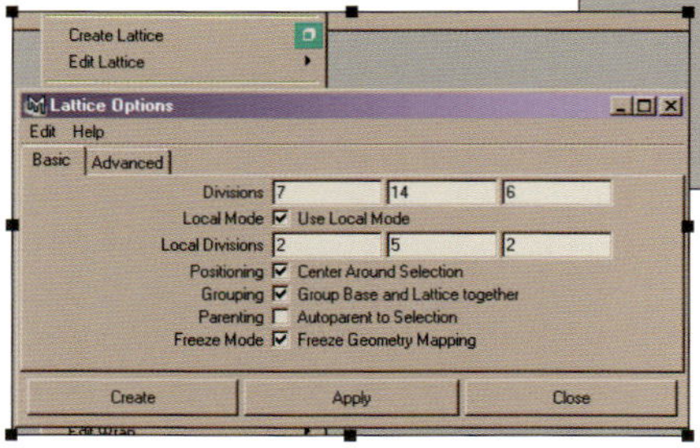

Pour nous simplifier le skinning, nous allons utiliser le principe de la déformation indirecte. Sélectionnez le corps et la courbe sur laquelle est déformé le collier, appliquez-leur un Lattice avec une résolution de 7, 14 et 6.
Ce Lattice va être déformé par le squelette et va à son tour déformer le corps.

Appliquez un Rigid Skin au Lattice en sélectionnant le Lattice et le squelette (Skin>Bind Skin>Rigid Bind).

Pour pouvoir sélectionner plus facilement le squelette, réglez le filtre de sélection sur Animation. Mettez-vous dans la vue de profil, et tournez chaque Bone pour cambrer le modèle.

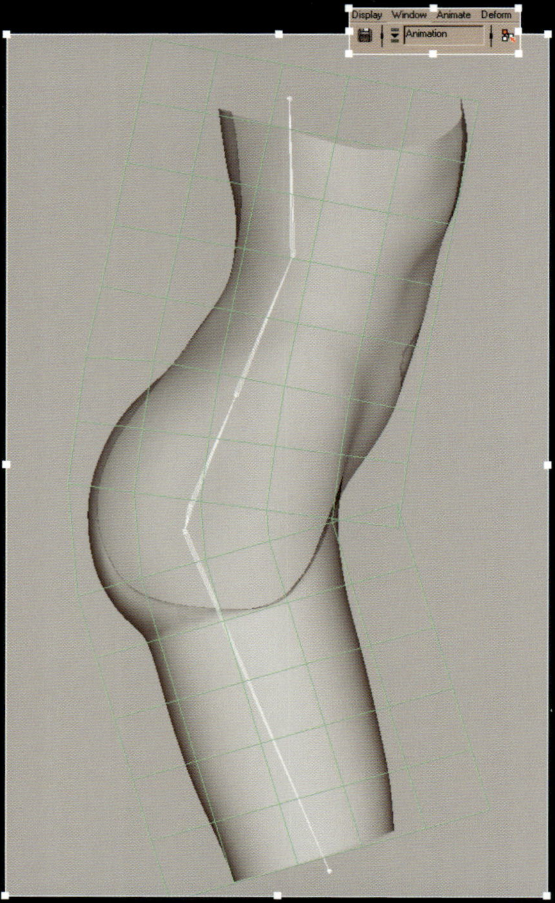

Étape 6

Vous avez certainement dû remarquer des « cassures », des problèmes de déformation. Ces problèmes peuvent être résolus de deux manières : d'une part, en réglant l'attribution des points du Lattice sur chaque Bone avec l'outil Deform>Edit Membership Tool., d'autre part, en ouvrant l'Attribute Editor et en mettant le paramètre Local Influence T du Lattice à 5, ce qui lissera suffisamment l'effet de déformation.

Quelques exemples de déformation

Vous pouvez maintenant appliquer un Polygon>Smooth (de la même manière qu'à la fin de l'étape 4) au collier et au corps pour lisser tout cela.

Pour résumer, le Rigid Skin permet d'effectuer un skinning rapidement et à peu de frais ; on peut travailler sur des objets assez lourds et détaillés en utilisant des Lattices qui possèdent peu de points de contrôle pour régler les déformations. ■

Par la suite, des Deformers indirects comme les Sculpt, les Wire et les Clusters permettent de corriger les problèmes de déformation et d'ajouter facilement des effets de plis de chair, de muscles passant sous la peau...

Étape 7

Lumière !

Le matériau utilisé pour le corps sera très simple. Créez un Blinn, avec une couleur diffuse gris foncé et une couleur spéculaire gris clair : c'est ce qui mettra en relief l'éclairage. N'oubliez pas de mettre la Reflectivity à 0, au cas ou vous utiliseriez du *raytracing*. Le grain de la peau est obtenu grâce à une texture Rock connectée sur le Bump du matériau.

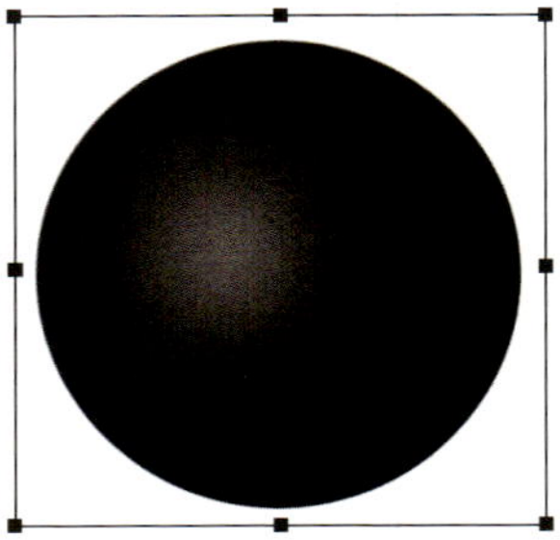

Lorsque vous êtes satisfait du résultat, mettez sur *on* le paramètre Use depth Map Shadows des deux spots.

Attention, il est plutôt déconseillé de bouger des lumières projetant des ombres lorsqu'on teste un rendu avec IPR, car le résultat final ne sera pas toujours conforme à ce que vous verrez.

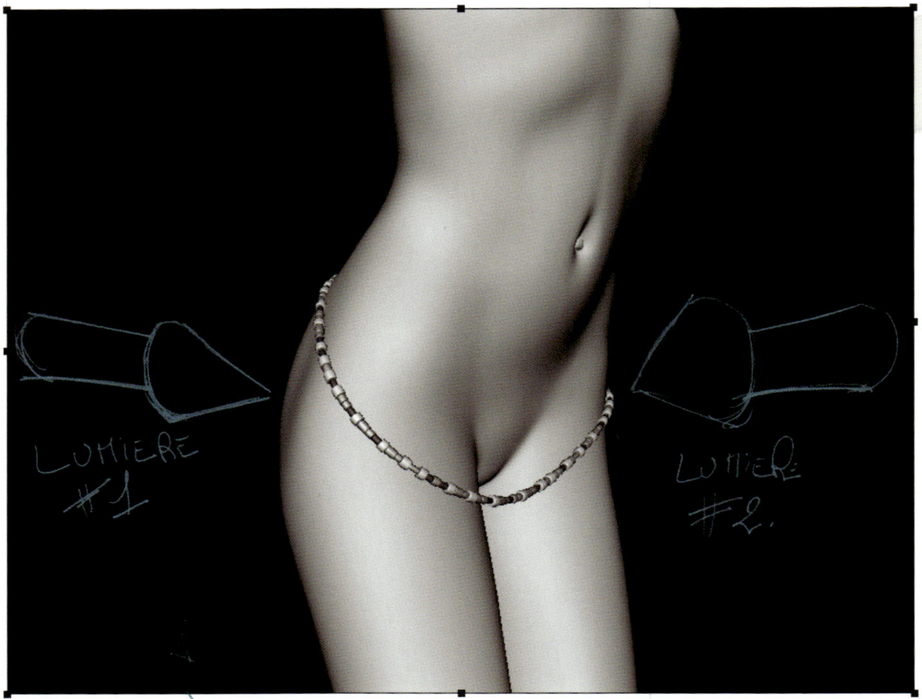

L'éclairage est également très simple. Créez une deuxième caméra qui va servir uniquement au rendu, ainsi que deux Spot Light. Cadrez votre modèle et lancez un rendu IPR afin de régler interactivement l'éclairage et les paramètres des différents matériaux, et entre autres la finesse du Bump. Pour cela, sélectionnez le Place 3D Texture et modifiez sa taille. L'effet de contre-jour violent est obtenu en poussant l'intensité des spots à 2 ou à 3.

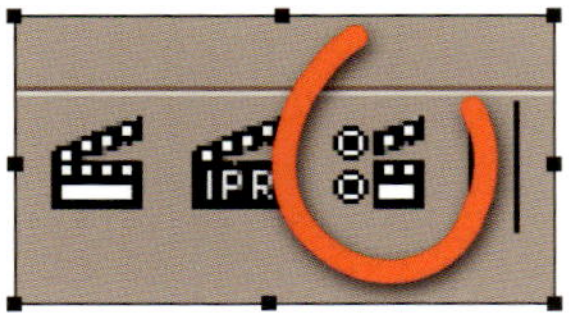

Ouvrez la fenêtre Render Globals, choisissez une résolution suffisante, et mettez l'*antialiasing* sur Production Quality. Vous pouvez lancer maintenant le rendu final. ■

Étape 8

Petite touche finale...

L'effet de Glow qui sert à adoucir l'image pourrait être fait directement dans Maya ; si vous ne l'avez pas testé, faites-le : il se trouve dans les paramètres des matériaux.

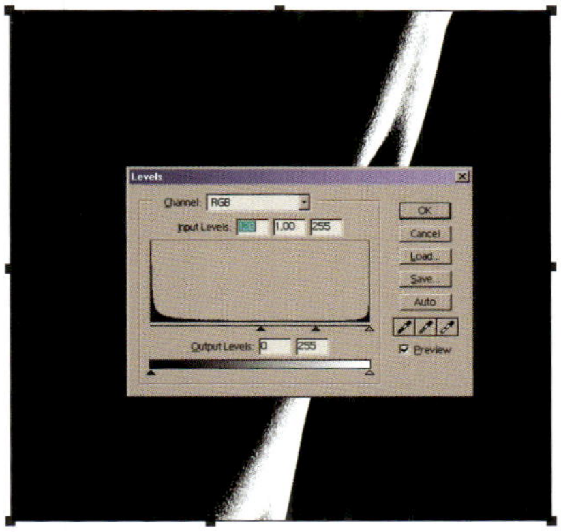

Je préfère néanmoins utiliser Photoshop, car les possibilités de réglage sont meilleures. Ouvrez dans Photoshop l'image que vous venez de rendre, et dupliquez le calque. Réglez les niveaux de couleur avec la valeur d'Input level à 128.

Appliquez ensuite un flou gaussien. Le rayon dépendra de la résolution de votre image ; une valeur de 3 à 10 devrait donner de bons résultats.

Voici l'image finale que vous pourrez
obtenir après quelques heures de travail !
Parfois, comme dans un bon film,
il vaut mieux suggérer plutôt que de montrer.
Cela simplifiera votre travail,
et renforcera l'intérêt et l'attention
qu'on pourra y porter.

les auteurs

STÉPHANE **BELIN**

artiste numérique

Stéphane Belin, 32 ans, prend contact très tôt avec les arts graphiques par le biais des jeux vidéo, puis de la presse. Après des études scientifiques, il conçoit seul deux jeux en free-lance et vit une expérience de directeur artistique au Canada pendant deux ans. De retour à Paris, il réalise des œuvres numériques grand format, comme *Leaving the Fifties*. Ces éditions en tirage limité de haute qualité sont réalisées sur papier d'art. Elles sont disponibles exclusivement sur sa galerie.

www.stephanebelin.com • contact@stephanebelin.com

LUC **BIANCO**

créateur de paysages virtuels

Luc Bianco, 31 ans, docteur en informatique, travaille comme ingénieur sur la téléphonie mobile de 3e génération (UMTS). Autodidacte, il débute dans la création numérique par la musique, dans les années 80, puis se tourne progressivement vers la création graphique. Il commence à créer des paysages 3D sur Amiga (avec Scenery, Vista pro) puis découvre KPT Bryce en 1996. En 1998, il est contacté par Matt Fairclough pour participer, en tant que bêta-testeur, au développement de son logiciel de paysages virtuels, Terragen ; il crée un site Internet à cet effet. Son approche artistique est fortement inspirée par la photographie où la clé du succès est, pour lui, l'attention toute particulière à porter à la lumière : interaction avec les éléments de la scène, couleur, intensité et orientation sont autant de paramètres à prendre en considération pour recréer une ambiance naturelle.

http://membres.lycos.fr/bianco

PASCAL **BLANCHÉ**

artiste numérique

Pascal Blanché, 30 ans, diplômé des Beaux-Arts de Marseille en 1994, fait ses débuts comme illustrateur pour Tilt Magazine. Il travaille ensuite dans plusieurs sociétés de création de jeux vidéo sur Paris, comme modélisateur de personnages et animateur, puis part au Canada en 2000 pour occuper un poste d'animateur senior sur le premier long métrage 3D franco-canadien, *Kaena the prophecy*. Il travaille maintenant en tant que lead character designer pour Ubisoft Canada et crée, en parallèle, tout un univers graphique personnel, inspiré d'œuvres d'*Heroic Fantasy* et de science-fiction, qu'il publie sur Internet. Cette exposition lui vaut une forte reconnaissance de la communauté 3D et lui permet de décrocher plusieurs contrats freelance.

www.3dluvr.com/pascalb • lobo971@yahoo.com

YANN **COUDERC**

étudiant à Supinfocom en réalisation numérique

Yann Couderc termine sa formation de réalisateur numérique à Supinfocom où il réalise actuellement un film de fin d'études. Ses images étaient principalement publiées sur son site personnel, jusqu'à ce que la galerie 3D artists **(www.raph.com)** en sélectionne deux, lui offrant ainsi une diffusion beaucoup plus large. Après une expérience très positive en postproduction chez Duran, où il a pu travailler sur des projets variés (effets spéciaux cinéma, clips et habillages TV), il hésite encore entre les différentes voies qui lui seront offertes à la sortie de l'école.

http://y.couderc.free.fr

OLIVIER **FFRENCH**

illustrateur 3D, intégrateur html / webmaster

Après avoir commencé l'infographie sous Photoshop en 1996, Olivier Ffrench trouve une version d'évaluation de Bryce qui lui permet rapidement de créer des illustrations 3D ; il découvre Amapi et Poser quelque temps après. Depuis, il a réalisé plus d'une cinquantaine d'illustrations sur différents thèmes, rassemblées pour la plupart dans la galerie de son site. Il participe également aux bêta-tests de Poser 4 fr et d'Amapi. Après avoir travaillé en agence en tant qu'intégrateur html / webmaster, il est désormais à son compte et fait partie d'un groupement d'indépendants, freelance2hire.

www.freelance2hire.com • http://o.ffrench.free.fr

CHRISTOPHE **LUXEREAU**

plasticien numérique

Christophe Luxereau, 35 ans, graphiste-photographe, travaille d'abord dans la BD et la publicité. Il se lance en 1997 dans la réalisation de ses premières image de *Mécadolls* et participe au premier Festival international d'art numérique, @rt Outsiders, avec l'une de ses dernières créations baptisée *Pièces détachées*, propositions en matière de cosmétique corporelle et de design. Au-delà de la diversité des disciplines abordées et des techniques utilisées, une constante demeure dans l'ensemble de ses créations : la réflexion sur le corps humain et ses possibles mutations.

http://digitaldonuts.free.fr

www.electrumcorpus.com • www.art-outsiders.com

LUC **PETITOT**

faiseur d'images

Les images de synthèse permettent à Luc Petitot, à la fois peintre et ingénieur, de marier les connaissances techniques à la création. Depuis plus de quinze ans, il pratique l'infographie dans de nombreuses sociétés et dans plusieurs pays. Son expérience l'a appelé ces dernières années à enseigner dans le domaine de la 3D. L'écriture récente d'un ouvrage sur le logiciel Maya chez Eyrolles conforte sa volonté de faire partager son savoir, tout en lui permettant d'entrer dans le monde de l'ouvrage imprimé, une autre de ses passions. Pour donner une dimension nouvelle à ses activités, Luc Petitot monte actuellement sa propre société. Son site est la vitrine qu'il utilise pour la promouvoir.

www.realreality.com

FRANÇOIS **RIMASSON**

infographiste

François Rimasson commence à travailler dans le jeu vidéo il y a une dizaine d'années, chez Kalisto ; ses titres les plus importants sont *Dark Earth*, et sa suite avortée, *Silent Chaos*. Cherchant à diversifier son travail, il participe à un petit dessin animé luxembourgeois, *Tristan et Iseut*. François Rimasson travaille maintenant comme infographiste free-lance sur des films et divers projets incluant de la 3D.

http://membres.lycos.fr/rimasson

Conception et mise en pages
Nord Compo

Dépôt légal : juillet 2002
Numéro éditeur : 6785